국제토셀위원회

TOSEL
실전문제집 2

BASIC

최신 기출 경향반영 실전모의고사 수록
국제토셀위원회 공식교재

HIGH-JUNIOR

PRE-STARTER

CONTENTS

정답과 해설 별책

About this book

1 Actual Test

토셀 최신 유형을 반영하여
실전 모의고사를 5회 실었습니다.
수험자들의 토셀 시험 대비 및
적응력 향상에 도움이 됩니다.

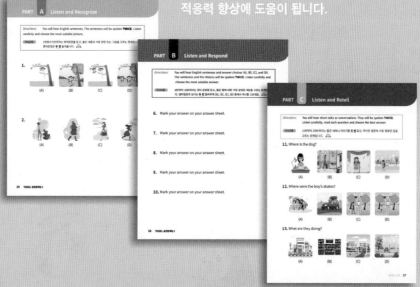

2 Appendix

필수 어휘를 포함해 모의고사
빈출 어휘 목록을 수록했습니다.
평소 어휘 정리뿐만 아니라
시험 직전 대비용으로 활용 가능합니다.

3 Answer

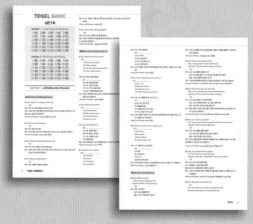

자세한 해설과 문제 풀이로
오답 확인 및 시험 대비를 위한 정리가 가능합니다.

TOSEL

TOSEL

TOSEL

TOSEL
Cocoon

유치원생

TOSEL
Pre Starter

초등 1,2학년

TOSEL
Starter

초등 3,4학년

**TOSEL
Basic**

초등 5,6학년

TOSEL

TOSEL

TOSEL

TOSEL

TOSEL
Junior

중학생

TOSEL
High Junior

고등학생

TOSEL
Advanced

대학생, 직장인

About TOSEL

TOSEL은 각급 학교 교과과정과 연령별 인지단계를 고려하여 단계별 난이도와 문항으로
영어 숙달 정도를 측정하는 영어 사용자 중심의 맞춤식 영어능력인증 시험제도입니다.
평가유형에 따른 개인별 장점과 단점을 파악하고, 개인별 영어학습 방향을 제시하는 성적분석자료를 제공하여
영어능력 종합검진 서비스를 제공함으로써 영어 사용자인 소비자와
영어능력 평가를 토대로 영어교육을 담당하는 교사 및 기관 인사관리자인 공급자를
모두 만족시키는 영어능력인증 평가입니다.

TOSEL은 인지적-학문적 언어 사용의 유창성 (Cognitive-Academic Language Proficiency, CALP)과
기본적-개인적 의사소통능력 (Basic Interpersonal Communication Skill, BICS)을
엄밀히 구분하여 수험자의 언어능력을 가장 친밀하게 평가하는 시험입니다.

대상	목적	용도
유아, 초, 중, 고등학생, 대학생 및 직장인 등 성인	한국인의 영어구사능력 증진과 비영어권 국가의 영어 사용자의 영어구사능력 증진	실질적인 영어구사능력 평가 + 입학전형 및 인재선발 등에 활용 및 직무역량별 인재 배치

연혁

2002.02	국제토셀위원회 창설 (수능출제위원역임 전국대학 영어전공교수진 중심)
2004.09	TOSEL 고려대학교 국제어학원 공동인증시험 실시
2006.04	EBS 한국교육방송공사 주관기관 참여
2006.05	민족사관고등학교 입학전형에 반영
2008.12	고려대학교 편입학시험 TOSEL 유형으로 대체
2009.01	서울시 공무원 근무평정에 TOSEL 점수 가산점 부여
2009.01	전국 대부분 외고, 자사고 입학전형에 TOSEL 반영 (한영외국어고등학교, 한일고등학교, 고양외국어고등학교, 과천외국어고등학교, 김포외국어고등학교, 명지외국어고등학교, 부산국제외국어고등학교, 부일외국어 고등학교, 성남외국어고등학교, 인천외국어고등학교, 전북외국어고등학교, 대전외국어고등학교, 청주외국어고등학교, 강원외국어고등학교, 전남외국어고등학교)
2009.12	청심국제중·고등학교 입학전형 TOSEL 반영
2009.12	한국외국어교육학회, 팬코리아영어교육학회, 한국음성학회, 한국응용언어학회 TOSEL 인증
2010.03	고려대학교, TOSEL 출제기관 및 공동 인증기관으로 참여
2010.07	경찰청 공무원 임용 TOSEL 성적 가산점 부여
2014.04	전국 200개 초등학교 단체 응시 실시
2017.03	중앙일보 주관기관 참여
2018.11	관공서, 대기업 등 100여 개 기관에서 TOSEL 반영
2019.06	미얀마 TOSEL 도입 발족식
	베트남 TOSEL 도입 협약식
2019.11	고려대학교 편입학전형 반영
2020.06	국토교통부 국가자격시험 TOSEL 반영
2021.07	소방청 간부후보생 선발시험 TOSEL 반영
2021.11	고려대학교 공과대학 기계학습·빅데이터 연구원 AI 연구 협약
2022.05	AI 영어학습 플랫폼 TOSEL Lab 공개
2023.11	고려대학교 경영대학 전국 고등학생 대상 정기캠퍼스 투어 프로그램 후원기관 참여
2024.01	제1회 TOSEL VOCA 올림피아드 실시
2024.03	고려대학교 미래교육원 TOSEL 전문가과정 개설

About TOSEL

What's TOSEL?

"Test of Skills in the English Language"

TOSEL은 비영어권 국가의 영어 사용자를 대상으로 영어구사능력을 측정하여
그 결과를 공식 인증하는 영어능력인증 시험제도입니다.

영어 사용자 중심의 맞춤식 영어능력 인증 시험제도

맞춤식 평가

**획일적인 평가에서
세분화된 평가로의 전환**

TOSEL은 응시자의 연령별 인지단계에
따라 별도의 문항과 난이도를 적용하여
평가함으로써 평가의 목적과 용도에
적합한 평가 시스템을
구축하였습니다.

공정성과 신뢰성 확보

국제토셀위원회의 역할

TOSEL은 고려대학교가 출제 및 인증기관
으로 참여하였고 대학입학수학능력시험
출제위원 교수들이 중심이 된
국제토셀위원회가 주관하여
사회적 공정성과 신뢰성을 확보한
평가 제도입니다.

수입대체 효과

외화유출 차단 및 국위선양

TOSEL은 해외시험응시로 인한 외화의
유출을 막는 수입대체의 효과를 기대할 수
있습니다. TOSEL의 문항과 시험제도는
비영어권 국가에 수출하여 국위선양에
기여하고 있습니다.

Why TOSEL

왜 TOSEL인가

01 학교 시험 폐지

일선 학교에서 중간, 기말고사 폐지로 인해 객관적인 영어 평가 제도의 부재가 우려됩니다. 그러나 전국단위로 연간 4번 시행되는 TOSEL 평가시험을 통해 학생들은 정확한 역량과 체계적인 학습방향을 꾸준히 진단받을 수 있습니다.

02 연령별/단계별 대비로 영어학습 점검

TOSEL은 응시자의 연령별 인지단계 및 영어 학습 단계에 따라 총 7단계로 구성되었습니다. 각 단계에 알맞은 문항유형과 난이도를 적용해 모든 연령 및 학습 과정에 맞추어 가장 효율적으로 영어실력을 평가할 수 있도록 개발된 영어시험입니다.

03 학교내신성적 향상

TOSEL은 학년별 교과과정과 연계하여 학교에서 배우는 내용을 학습하고 평가할 수 있도록 문항 및 주제를 구성하여 내신영어 향상을 위한 최적의 솔루션을 제공합니다.

04 수능대비 직결

유아, 초, 중등시절 어렵지 않고 즐겁게 학습해 온 영어이지만, 수능시험준비를 위해 접하는 영어의 문항 및 유형 난이도에 주춤하게 됩니다. 이를 대비하기 위해 TOSEL은 유아부터 성인까지 점진적인 학습을 통해 수능대비를 자연적으로 해나갈 수 있습니다.

05 진학과 취업에 대비한 필수 스펙관리

개인별 '학업성취기록부' 발급을 통해 영어학업성취이력을 꾸준히 기록한 영어학습 포트폴리오를 제공하여 영어학습 이력을 관리할 수 있습니다.

06 자기소개서에 토셀 기재

개별적인 진로 적성 Report를 제공하여 진로를 파악하고 자기소개서 작성시 적극적으로 활용할 수 있는 객관적인 자료를 제공합니다.

07 영어학습 동기부여

시험실시 후 응시자 모두에게 수여되는 인증서는 영어학습에 대한 자신감과 성취감을 고취시키고 동기를 부여합니다.

08 AI 분석 영어학습 솔루션

국내외 15,000여 개 학교.학원 단체 응시인원 중 엄선한 100만 명 이상의 실제 TOSEL 성적 데이터를 기반으로 영어인증시험 제도 중 세계 최초로 인공지능이 분석한 개인별 AI 정밀 진단 성적표를 제공합니다. 최첨단 AI 정밀진단 성적표는 최적의 영어 학습 솔루션을 제시하여 영어 학습에 소요되는 시간과 노력을 획기적으로 절감해줍니다.

09 명예의 전당, 우수협력기관 지정

우수교육기관은 'TOSEL 우수 협력 기관'에 지정되고, 각 시/도별, 최고득점자를 명예의 전당에 등재합니다.

Evaluation ——— 평가

평가의 기본원칙
TOSEL은 PBT(Paper Based Test)를 통하여 간접평가와 직접평가를 모두 시행합니다.

TOSEL은 언어의 네 가지 요소인 **읽기, 듣기, 말하기, 쓰기 영역을 모두 평가합니다.**

문자언어
읽기능력
쓰기능력

+

음성언어
듣기능력
말하기능력

↓

대한민국 대표 영어능력 인증 시험제도
TOSEL®

Reading 읽기	모든 레벨의 읽기 영역은 직접 평가 방식으로 측정합니다.
Listening 듣기	모든 레벨의 듣기 영역은 직접 평가 방식으로 측정합니다.
Writing 쓰기	모든 레벨의 쓰기 영역은 간접 평가 방식으로 측정합니다.
Speaking 말하기	모든 레벨의 말하기 영역은 간접 평가 방식으로 측정합니다.

TOSEL은 연령별 인지단계를 고려하여 **아래와 같이 7단계로 나누어 평가합니다.**

1 단계	**TOSEL**® COCOON	**5~7세의 미취학 아동**
2 단계	**TOSEL**® Pre-STARTER	**초등학교 1~2학년**
3 단계	**TOSEL**® STARTER	**초등학교 3~4학년**
4 단계	**TOSEL**® BASIC	**초등학교 5~6학년**
5 단계	**TOSEL**® JUNIOR	**중학생**
6 단계	**TOSEL**® HIGH JUNIOR	**고등학생**
7 단계	**TOSEL**® ADVANCED	**대학생 및 성인**

Grade Report —————— 성적표 및 인증서

고도화 성적표: 응시자 개인별 최적화 AI 정밀진단

20여년간 축적된 약 100만명 이상의 엄선된 응시자 빅데이터를 TOSEL AI로 분석·진단한 개인별 성적자료

전국 단위 연령, 레벨 통계자료를 활용하여 보다 정밀한 성취 수준 판별
파트별 강/약점, 영역별 역량, 8가지 지능, 단어 수준 등을 비교 및 분석하여 폭넓은 학습 진단
오답 문항 유형별 심층 분석 자료 및 솔루션으로 학습 방향 제시, TOSEL과 수능 및 교과학습 성취기준과의 연계
모바일 기기 지원 – UX/UI 개선, 반응형 웹페이지로 구현되어 태블릿, 휴대폰, PC 등 다양한 기기 환경에서 접근 가능

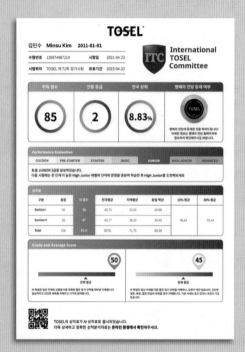

기본 제공 성적표

고도화 성적표 (일부 유료)

단체 성적 분석 자료

단체 및 기관 대상

- 레벨별 평균성적추이, 학생분포
  섹션 및 영역별 평균 점수, 표준편차

TOSEL Lab 지정교육기관 대상 추가 제공

- 원생 별 취약영역 분석 및 보강방안 제시
- TOSEL수험심리척도를 바탕으로 학생의 응답 특이성을
  파악하여 코칭 방안 제시
- 전국 및 지역 단위 종합적 비교분석
  (레벨/유형별 응시자 연령 및 규모, 최고득점 등)

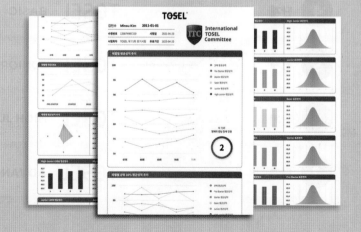

'토셀 명예의 전당' 등재

특별시, 광역시, 도 별 **1등 선발**
(7개시 9개도 **1등 선발**)

*홈페이지 로그인 - 시험결과 - 명예의 전당에서
해당자 등재 증명서 출력 가능

'학업성취기록부'에 토셀 인증등급 기재

개인별 **'학업성취기록부'** 평생 발급
진학과 취업을 대비한 **필수 스펙관리**

인증서

대한민국 초,중,고등학생의 영어숙달능력 평가 결과 공식인증

고려대학교 인증획득 (2010. 03)

한국외국어교육학회 인증획득 (2009. 12)

한국음성학회 인증획득 (2009. 12)

한국응용언어학회 인증획득 (2009. 11)

팬코리아영어교육학회 인증획득 (2009. 10)

Actual Test 1

Section I

—

Listening and Speaking

Part **A** Listen and Recognize
5 Questions

Part **B** Listen and Respond
5 Questions

Part **C** Listen and Retell
15 Questions

Part **D** Listen and Speak
5 Questions

DIRECTIONS: For questions 1 to 5, listen to the sentences and choose the BEST picture. The sentences will be spoken **TWICE.**

지시 사항: 1번부터 5번까지는 문장을 듣고, 가장 알맞은 그림을 고르는 문제입니다.
문제는 **두 번씩** 들려줍니다.

1.

(A)   (B)   (C)   (D)

2.

(A)   (B)   (C)   (D)

3.

(A)   (B)   (C)   (D)

4.

(A)   (B)   (C)   (D)

5.

(A)   (B)   (C)   (D)

DIRECTIONS: For questions 6 to 10, listen to the sentences and choose the BEST response. The sentences and the choices will be spoken **TWICE.** The choices are NOT printed on your test paper.

지시 사항: 6번부터 10번까지는 문장을 듣고, 가장 알맞은 대답을 고르는 문제입니다. 문제와 보기는 **두 번씩** 들려주며 보기는 시험지에 표시되지 않습니다.

---

6. Mark your answer on your answer sheet.

7. Mark your answer on your answer sheet.

8. Mark your answer on your answer sheet.

9. Mark your answer on your answer sheet.

10. Mark your answer on your answer sheet.

DIRECTIONS: For questions 11 to 25, listen to the short talks or conversations and choose the BEST answer for each question. The talks and conversations will be spoken **TWICE**.

지시 사항: 11번부터 25번까지는 짧은 대화나 이야기를 듣고, 주어진 질문에 가장 알맞은 답을 고르는 문제입니다. 지문은 **두 번씩** 들려줍니다.

11. What is the girl doing?

(A)   (B)   (C)   (D)

12. How does the boy get to school?

(A)   (B)   (C)   (D)

13. Where was the boy this morning?

(A)   (B)   (C)   (D)

14. What does the girl have?

    (A) a pen

    (B) a pencil

    (C) an eraser

    (D) a pencil case

15. Why does the girl NOT want any cookies?

    (A) She just ate lunch.

    (B) She just ate dinner.

    (C) She just ate some cookies.

    (D) She just ate some breakfast.

16. What does the boy's father do?

    (A) He's a doctor.

    (B) He's a dentist.

    (C) He's a teacher.

    (D) He's a student.

17. What sports does the girl like?

    (A) tennis and soccer

    (B) tennis and baseball

    (C) baseball and soccer

    (D) none of the above

[18-19]

18. What is NOT the girl's hobby?

(A) writing

(B) reading

(C) drawing

(D) making things

19. What did she do last week?

(A) She made a poster.

(B) She went swimming.

(C) She went to the park.

(D) She made a doll's house.

[20-21]

20. What does Ben like?

(A) tennis

(B) soccer

(C) swimming

(D) video games

21. What are they going to do tomorrow?

(A) eat

(B) talk

(C) play

(D) study

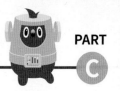

[22-23]

22. What is her uncle's job?

    (A) cook

    (B) taxi driver

    (C) shopkeeper

    (D) office worker

23. How many hours does the uncle work a day?

    (A) two hours

    (B) six hours

    (C) eight hours

    (D) none of the above

[24-25]

24. How old is the boy going to be?

    (A) ten

    (B) eleven

    (C) twelve

    (D) thirteen

25. What is his mother NOT making for the party?

    (A) cake

    (B) pizza

    (C) sandwiches

    (D) hamburgers

DIRECTIONS: For questions 26 to 30, listen to the conversations and choose the BEST response. The conversations will be spoken **TWICE**.

지시 사항: 26번부터 30번까지는 대화를 듣고, 뒤에 이어질 가장 알맞은 응답을 고르는 문제입니다. 대화는 **두 번씩** 들려줍니다.

26. What's next?

    (A) Yes, please.

    (B) No, it's mine.

    (C) Yes, you can.

    (D) No, it's black.

27. What's next?

    (A) I don't buy it.

    (B) It's 20 dollars.

    (C) I can help you.

    (D) You're welcome.

28. What's next?

(A) Yes, I did.

(B) I was busy.

(C) I bought a notebook.

(D) I read some notebooks.

29. What's next?

(A) I need a bath.

(B) I need to practice.

(C) I'm afraid of water.

(D) I have to wash my hair.

30. What's next?

(A) Yes, they do.

(B) Yes, they are.

(C) No, they are blue.

(D) No, they are my sisters.

Section II

Reading and Writing

Part **A** Sentence Completion
5 Questions

Part **B** Situational Writing
5 Questions

Part **C** Practical Reading and Retelling
10 Questions

Part **D** General Reading and Retelling
10 Questions

DIRECTIONS: For questions 1 to 5, fill in the blanks to complete the sentences. Choose the option that BEST completes each blank.

지시 사항: 1번부터 5번까지는 빈칸을 알맞게 채워 대화를 완성하는 문제입니다. 가장 알맞은 답을 고르세요.

1. A: How many oranges does he want?

   B: He wants two _____.

   (A) orange
   (B) oranges
   (C) an orange
   (D) some oranges

2. A: What do you do on Mondays?

   B: I _____ baseball.

   (A) play
   (B) plays
   (C) played
   (D) playing

3. A: _____ books do you have?

   B: There are five books on my desk.

   (A) How are
   (B) Where is
   (C) When do
   (D) How many

4. A: How do you get to school?

   B: I take the bus _____ sometimes I walk.

   (A) so
   (B) for
   (C) and
   (D) because

5. A: Is Miss Jones a cook?

   B: Yes, she _____.

   (A) is
   (B) does
   (C) don't
   (D) wasn't

DIRECTIONS: For questions 6 to 10, look at the pictures and complete the sentences. Choose the option that BEST completes each sentence.

지시 사항: 6번부터 10번까지는 그림을 보고 문장을 완성하는 문제입니다. 가장 알맞은 답을 고르세요.

6.

This weekend, I'm going to _____.

(A) clean my house

(B) talk on the phone

(C) study with my friend

(D) eat lunch with my friend

7.

Tom is _____.

(A) taller than Julie

(B) shorter than Julie

(C) the same height as Julie

(D) None of the above

8.

The cat is _____ the box.

(A) in

(B) on

(C) by

(D) at

9.

We are _____.

(A) reading our books

(B) washing our hands

(C) cleaning our rooms

(D) doing our homework

10.

She is _____ a kite.

(A) taking

(B) flying

(C) making

(D) painting

DIRECTIONS: For questions 11 to 20, read the practical materials and choose the BEST answer for each question about the materials.

지시 사항: 11번부터 20번까지는 실용문을 읽고, 관련된 질문에 답하는 문제입니다. 각 질문에 가장 알맞은 답을 고르세요.

QUESTIONS 11-12. refer to the following map.

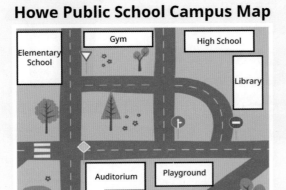

Howe Public School Campus Map

11.   According to the map, the high school is _____.

   (A) near the library

   (B) behind the gym

   (C) next to the playground

   (D) between the elementary school and the auditorium

12.   What is NOT in Howe Public School campus?

   (A) gym

   (B) library

   (C) auditorium

   (D) middle school

QUESTIONS 13-14. Refer to the following announcement.

English Speech Contest

On Saturday 22nd November

This year's prizes are:

1st place: 50,000 won prize
2nd place: 25,000 won prize
3rd place: Class prize

You can join this year's speech contest!
Enter with a one minute speech about yourself.
If you want to join, tell your teacher by Friday.

13. How long is the speech?

(A) 1 day

(B) 1 hour

(C) 1 minute

(D) 1 second

14. If you want to join, what do you have to do first?

(A) win a prize

(B) tell your teacher

(C) give a speech about friends

(D) write a letter to your parents

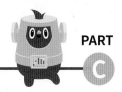

QUESTIONS 15–16. Refer to the following graph.

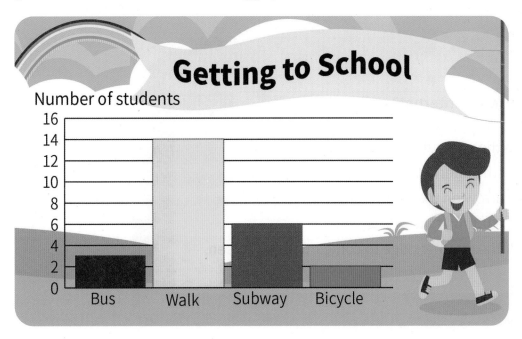

15. How many children take the subway to school?

(A) 2

(B) 4

(C) 6

(D) 8

16. How do most students get to school?

(A) bus

(B) walk

(C) train

(D) bicycle

QUESTIONS 17-18. Refer to the following information.

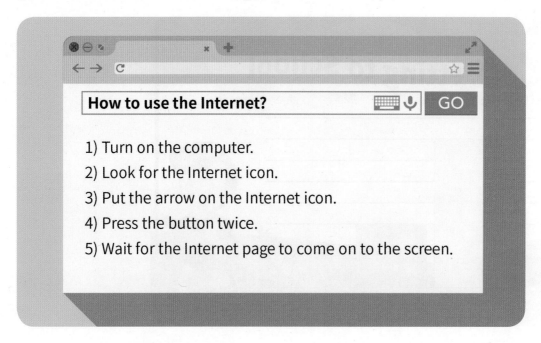

How to use the Internet?

1) Turn on the computer.
2) Look for the Internet icon.
3) Put the arrow on the Internet icon.
4) Press the button twice.
5) Wait for the Internet page to come on to the screen.

17. What do you need to look for?

(A) the arrow

(B) the screen

(C) the computer

(D) the Internet picture

18. What do you need to press twice?

(A) the arrow

(B) the button

(C) the screen

(D) the computer

QUESTIONS 19-20. Refer to the following information.

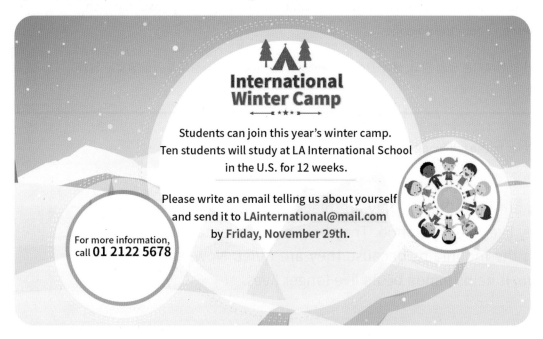

International Winter Camp

Students can join this year's winter camp.
Ten students will study at LA International School
in the U.S. for 12 weeks.

Please write an email telling us about yourself
and send it to LAinternational@mail.com
by Friday, November 29th.

For more information,
call **01 2122 5678**

19. Where can the students go for the camp?

(A) U.S.

(B) China

(C) Korea

(D) Canada

20. How many students can go on the camp?

(A) 8

(B) 10

(C) 12

(D) 14

DIRECTIONS: For questions 21 to 30, read the passages and choose the BEST answer for each question about the passages.

지시 사항: 21번부터 30번까지는 글을 읽고, 글과 관련된 질문에 답하는 문제입니다. 질문에 가장 알맞은 답을 고르세요.

QUESTIONS 21-22. Refer to the following passage.

Panda Bears are from China. They are black and white. They are friendly animals. They like to eat bamboo. They help each other to find food. They like to live in the mountains because they are quiet. Now, some of them live in the zoo. It helps panda bears live longer lives.

21. What do panda bears eat?

(A) grass

(B) wood

(C) insects

(D) bamboo

22. What is NOT true about panda bears?

(A) They are not friendly.

(B) They help each other.

(C) They like quiet places.

(D) They are black and white.

QUESTIONS 23-24. Refer to the following passage.

Europe has four seasons. The seasons are winter, spring, summer and fall. Each season is about two to three months long. In winter, it snows in Scotland and England. In summer, Spain, France and Italy usually have the hottest weather.

23. How long are seasons in Europe?

(A) one month long

(B) one to two months long

(C) two to three months long

(D) four months long

24. Which country usually has the hottest summers in Europe?

(A) Italy

(B) Spain

(C) France

(D) all of the above

QUESTIONS 25-26. Refer to the following passage.

London is the biggest city in England. There is a famous clock called Big Ben. London also has the River Thames that goes through the city. People can take boat trips on the river and take photos of famous buildings.

25. What is Big Ben?

(A) a city

(B) a boat

(C) a river

(D) a clock

26. What can you do on the River Thames?

(A) take a picnic

(B) take your coat

(C) take a boat trip

(D) take your ticket

QUESTIONS 27-28. Refer to the following passage.

Today, I am going on a plane for the first time. I feel a little scared, but I am excited too. On the plane, I want to watch some new movies and play video games. I also like to eat when I watch movies.

27. What is he going to do on the plane?

   (A) eat some food

   (B) sleep on a bed

   (C) talk to the pilot

   (D) play with friends

28. How does he feel?

   (A) bored and scared

   (B) happy and excited

   (C) excited and sleepy

   (D) scared and excited

QUESTIONS 29-30. Refer to the following passage.

In Taipei, there is a very high building. They call it Taipei 101. It is 508 meters high and has 91 floors. People can visit the building. They look at the city of Taipei on the 89th and 91st floors. Inside, there are restaurants and clothes shops. People can go shopping or eat some food there.

29. What is Taipei 101?

(A) a city

(B) a shop

(C) a building

(D) a restaurant

30. How many floors does Taipei 101 have?

(A) 89

(B) 91

(C) 101

(D) 508

Actual Test 2

Section I

Listening and Speaking

Part **A** Listen and Recognize
5 Questions

Part **B** Listen and Respond
5 Questions

Part **C** Listen and Retell
15 Questions

Part **D** Listen and Speak
5 Questions

DIRECTIONS: For questions 1 to 5, listen to the sentences and choose the BEST picture. The sentences will be spoken **TWICE.**

지시 사항: 1번부터 5번까지는 문장을 듣고, 가장 알맞은 그림을 고르는 문제입니다.
문제는 **두 번씩** 들려줍니다.

1.

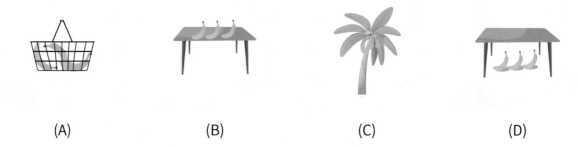

(A)   (B)   (C)   (D)

2.

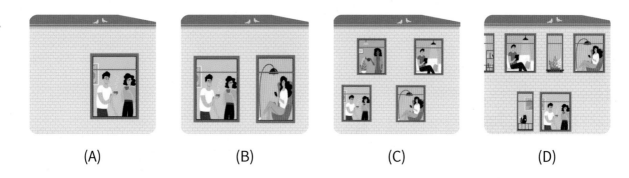

(A)   (B)   (C)   (D)

3.

(A)

(B)

(C)

(D)

4.

(A)

(B)

(C)

(D)

5.

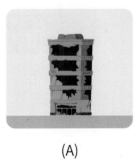
(A)

(B)

(C)

(D)

6. Mark your answer on your answer sheet.

7. Mark your answer on your answer sheet.

8. Mark your answer on your answer sheet.

9. Mark your answer on your answer sheet.

10. Mark your answer on your answer sheet.

DIRECTIONS: For questions 11 to 25, listen to the short talks or conversations and choose the BEST answer for each question. The talks and conversations will be spoken **TWICE**.

지시 사항: 11번부터 25번까지는 짧은 대화나 이야기를 듣고, 주어진 질문에 가장 알맞은 답을 고르는 문제입니다. 지문은 **두 번씩** 들려줍니다.

11. Where are they going?

(A)

(B)

(C)

(D)

12. What are they looking at?

(A)

(B)

(C)

(D)

13. When will the show start?

(A)

(B)

(C)

(D)

14. Who is the girl looking for?

    (A) Tom

    (B) a student

    (C) her friend

    (D) the teacher

15. Why can the girl NOT go play?

    (A) She is sick.

    (B) It is raining.

    (C) She is working.

    (D) She is studying.

16. What happened to the boy's glasses?

    (A) He lost them.

    (B) He broke them.

    (C) He forgot to bring them.

    (D) He doesn't wear glasses.

17. How will they go to school?

    (A) They will walk.

    (B) They will take a car.

    (C) They will take a bus.

    (D) They will ride their bicycles.

[18-19]

18. When did Amy start playing the violin?

      (A) two days ago

      (B) five days ago

      (C) five months ago

      (D) five years ago

19. How often does Amy take lessons?

      (A) every day

      (B) once a week

      (C) twice a week

      (D) twice a month

[20-21]

20. Who is the boy talking about?

      (A) his father

      (B) his friend

      (C) his brother

      (D) his teacher

21. What is NOT true about John?

      (A) He is old.

      (B) He is funny.

      (C) He teaches well.

      (D) He's an English teacher.

[22-23]

22. How many dogs does Sally have?

(A) She has no dogs.

(B) She has one dog.

(C) She has two dogs.

(D) She has three dogs.

23. What kind of dog is Fluffy?

(A) a big, white dog

(B) a big, brown dog

(C) a small, white dog

(D) a small, brown dog

[24-25]

24. What did you hear about Billy?

(A) He is very hard to find.

(B) He likes to plan his time.

(C) He likes to collect stamps.

(D) He likes to travel all over the world.

25. What is NOT true about Billy's stamp collection?

(A) He has over 300 stamps.

(B) All the stamps are special.

(C) Some stamps are hard to find.

(D) The stamps are from all over the world.

DIRECTIONS: For questions 26 to 30, listen to the conversations and choose the BEST response. The conversations will be spoken **TWICE**.

지시 사항: 26번부터 30번까지는 대화를 듣고, 뒤에 이어질 가장 알맞은 응답을 고르는 문제입니다. 대화는 **두 번씩** 들려줍니다.

---

26. What's next?

(A) I like tea very much.

(B) Okay, I'll be careful.

(C) Thank you for the tea.

(D) Okay, you can have some.

27. What's next?

(A) Not at all.

(B) Excuse me.

(C) Same to you.

(D) No, thank you.

28. What's next?

    (A) Yes, I like winter.

    (B) Yes, I feel very sick.

    (C) Yes, today is warmer.

    (D) Yes, I'm much better now.

29. What's next?

    (A) I already saw it.

    (B) Sure, that sounds good.

    (C) Which one should we see?

    (D) Sure, I want to see it again.

30. What's next?

    (A) They're taking a nap.

    (B) They're having art class.

    (C) They're having PE class.

    (D) They're having math class.

Section II

—

Reading and Writing

Part **A** Sentence Completion
5 Questions

Part **B** Situational Writing
5 Questions

Part **C** Practical Reading and Retelling
10 Questions

Part **D** General Reading and Retelling
10 Questions

DIRECTIONS: For questions 1 to 5, fill in the blanks to complete the sentences. Choose the option that BEST completes each blank.

지시 사항: 1번부터 5번까지는 빈칸을 알맞게 채워 대화를 완성하는 문제입니다. 가장 알맞은 답을 고르세요.

1. A: _____ time is it?

    B: It's five o'clock.

    (A) How

    (B) When

    (C) What

    (D) Which

2. A: Did you finish your homework?

    B: No, _____.

    (A) I have

    (B) I won't

    (C) I didn't

    (D) may not

3. A: _____ you help me?

    B: Of course.

    (A) Do

    (B) Can

    (C) May

    (D) Have

4. A: How does it taste?

    B: It _____ sour.

    (A) taste

    (B) tastes

    (C) tasting

    (D) be tasted

5. A: _____ you have enough food?

    B: Yes, I did.

    (A) Did

    (B) Are

    (C) Had

    (D) Were

DIRECTIONS: For questions 6 to 10, look at the pictures and complete the sentences. Choose the option that BEST completes each sentence.

지시 사항: 6번부터 10번까지는 그림을 보고 문장을 완성하는 문제입니다. 가장 알맞은 답을 고르세요.

6.

Two men are _____.

(A) making a TV

(B) cleaning a TV

(C) carrying a TV

(D) watching a TV

7.

The girl is _____.

(A) cooking some food

(B) selling some dishes

(C) cleaning the kitchen

(D) doing her homework

8.

The plant is _____.

(A) near the chair

(B) by the window

(C) next to the door

(D) on top of the table

9.

The boy is _____.

(A) in the bed

(B) at the desk

(C) in the pool

(D) on the sofa

10.

The cat and dog are _____.

(A) eating together

(B) walking together

(C) sleeping together

(D) fighting each other

DIRECTIONS: For questions 11 to 20, read the practical materials and choose the BEST answer for each question about the materials.

지시 사항: 11번부터 20번까지는 실용문을 읽고, 관련된 질문에 답하는 문제입니다. 각 질문에 가장 알맞은 답을 고르세요.

QUESTIONS 11-12. Refer to the following information.

Put glass in the blue bin.

Put metal in the gray bin.

Put plastic in the green bin.

Put food in the orange bin.

11. What is the green bin for?

(A) food

(B) glass

(C) metal

(D) plastic

12. Which bin can you use for an old banana?

(A) the blue bin

(B) the gray bin

(C) the green bin

(D) the orange bin

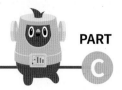

QUESTIONS 13-14. Refer to the following information.

— Things You Can Do —
To Save Water

1. Take quick showers.

2. Turn the water off while brushing your teeth.

3. Don't use the toilet as a waste basket.

4. Use the clothes washer only when it is full.

5. Water plants only when they need it.

13. What is the passage mainly about?

(A) saving water

(B) watering plants

(C) washing clothes

(D) brushing your teeth

14. What should you NOT do to save water?

(A) take quick showers

(B) throw waste in the toilet

(C) use the clothes washer when it's full

(D) turn the water off while brushing your teeth

QUESTIONS 15-16. Refer to the following information.

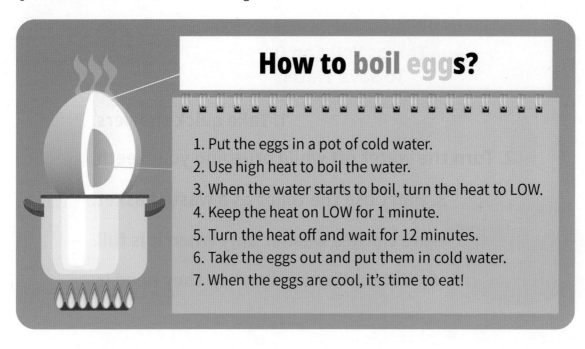

How to boil eggs?

1. Put the eggs in a pot of cold water.
2. Use high heat to boil the water.
3. When the water starts to boil, turn the heat to LOW.
4. Keep the heat on LOW for 1 minute.
5. Turn the heat off and wait for 12 minutes.
6. Take the eggs out and put them in cold water.
7. When the eggs are cool, it's time to eat!

15. When should you turn the heat to low?

(A) after 12 minutes

(B) when the water is cold

(C) after you take the eggs out

(D) when the water starts to boil

16. How long should you keep the heat on low?

(A) for 1 minute

(B) for 12 minutes

(C) until the water boils

(D) until the eggs are cool

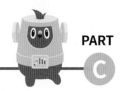

PART C

QUESTIONS 17-18. Refer to the following information.

A Perfect Place and Weather to Fly a Kite

Flying a kite can be fun, but also difficult.
First, you should find a wide open space that is safe.
Make sure there are no trees, buildings,
cars or electrical lines nearby.
The weather is also important.
There should be some wind, but not very strong.
And it's better to fly a kite on a cloudy day.
The sun can hurt your eyes
when you are watching your kite.

17. Which is the best place for flying a kite?

(A) a wide street

(B) a soccer field

(C) a park with many trees

(D) a playground near apartment buildings

18. Which is the best weather for flying a kite?

(A) a rainy day with some wind

(B) a sunny day with some wind

(C) a cloudy day with some wind

(D) a cloudy day with strong wind

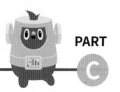

QUESTIONS 19-20. Refer to the following information.

How to Make POPCORN ?

- Take the bag out of its plastic wrapper.
- Put the bag in the microwave.
- Set the microwave to HIGH.
- Heat for about four minutes.
- Take the bag out of the microwave.
- Be careful when you open the bag. It is hot!
- Pour the popcorn into a bowl and enjoy!

19. How is the popcorn cooked?

(A) It is fried in a bowl.

(B) It is boiled in a bag.

(C) It is heated in a microwave.

(D) It is heated in a plastic wrapper.

20. What should you do before you heat the bag?

(A) Wait for four minutes.

(B) Open the bag carefully.

(C) Set the microwave to high.

(D) Pour the popcorn into a bowl.

DIRECTIONS: For questions 21 to 30, read the passages and choose the BEST answer for each question about the passages.

지시 사항: 21번부터 30번까지는 글을 읽고, 글과 관련된 질문에 답하는 문제입니다. 질문에 가장 알맞은 답을 고르세요.

QUESTIONS 21-22. Refer to the following passage.

Yesterday, our class had a race during PE class. The girls had a race first. Then the boys went second. There were twelve boys racing against each other. I finished in first place. I'm happy that I'm the fastest boy in class!

21. Who did the boy race with?

   (A) his entire gym class
   (B) the girls in his class
   (C) the boys in his class
   (D) all the boys and girls

22. How fast was the boy?

   (A) He finished first.
   (B) He finished second.
   (C) He finished third.
   (D) He finished twelfth.

QUESTIONS 23-24. Refer to the following passage.

> Emily has a pen pal. She lives in the United States. Her name is Jenny and she's in the fourth grade. Emily and Jenny use the Internet to chat. They chat about school, friends, and their favorite things. Emily hopes to visit Jenny one day. Or Jenny can come to Korea to visit her.

23. How do Emily and Jenny talk to each other?

(A) They write letters.

(B) They use the phone.

(C) They visit each other.

(D) They use the Internet.

24. What is NOT true about Jenny?

(A) She is in Korea.

(B) She is Emily's pen pal.

(C) She is in the fourth grade.

(D) She lives in the United States.

QUESTIONS 25-26. Refer to the following passage.

Marc has a special gift for music. He started playing the piano when he was three years old. He learned quickly and won piano contests when he was five. Today, he plays at big concerts with famous musicians. He was even on TV! Marc is only ten years old now.

25. What is special about Marc?

(A) He likes gifts.

(B) He is a TV actor.

(C) He has famous friends.

(D) He plays the piano well.

26. What is NOT true about Marc?

(A) He was on TV.

(B) He is five years old.

(C) He has a gift for music.

(D) He plays at big concerts.

QUESTIONS 27-28. Refer to the following passage.

There are two kinds of fish, freshwater fish and saltwater fish. Goldfish live in fresh water. Angelfish live in salt water. Many people like freshwater fish for pets. They are easier to take care of. They also cost less money than saltwater fish.

27. What is this about?

(A) salt

(B) fish

(C) water

(D) money

28. What is NOT true about goldfish?

(A) They can be pets.

(B) They live in salt water.

(C) They are freshwater fish.

(D) They cost less than angelfish.

QUESTIONS 29-30. Refer to the following passage.

King Midas was a greedy king. He wanted everything he touched to turn to gold. But he was sorry when his wish came true. He could not eat because his food and water also turned to gold. If we are greedy, we can lose more than we get.

29. What did King Midas wish for?

(A) He wished for gold.

(B) He wished for food.

(C) He wished for water.

(D) He wished to be a king.

30. What is the lesson of the story?

(A) All kings are greedy.

(B) We should not be greedy.

(C) We should not touch gold.

(D) Food is more important than water.

Actual Test 3

Section I

Listening and Speaking

Part **A**   Listen and Recognize
5 Questions

Part **B**   Listen and Respond
5 Questions

Part **C**   Listen and Retell
15 Questions

Part **D**   Listen and Speak
5 Questions

DIRECTIONS: For questions 1 to 5, listen to the sentences and choose the BEST picture. The sentences will be spoken **TWICE.**

지시 사항: 1번부터 5번까지는 문장을 듣고, 가장 알맞은 그림을 고르는 문제입니다. 문제는 **두 번씩** 들려줍니다.

1.

   (A)   (B)   (C)   (D)

2.

   (A)   (B)   (C)   (D)

3.

(A)　　　　　　(B)　　　　　　(C)　　　　　　(D)

4.

(A)　　　　　　(B)　　　　　　(C)　　　　　　(D)

5.

(A)　　　　　　(B)　　　　　　(C)　　　　　　(D)

DIRECTIONS: For questions 6 to 10, listen to the sentences and choose the BEST response. The sentences and the choices will be spoken **TWICE.** The choices are NOT printed on your test paper.

지시 사항: 6번부터 10번까지는 문장을 듣고, 가장 알맞은 대답을 고르는 문제입니다. 문제와 보기는 **두 번씩** 들려주며 보기는 시험지에 표시되지 않습니다.

6. Mark your answer on your answer sheet.

7. Mark your answer on your answer sheet.

8. Mark your answer on your answer sheet.

9. Mark your answer on your answer sheet.

10. Mark your answer on your answer sheet.

DIRECTIONS: For questions 11 to 25, listen to the short talks or conversations and choose the BEST answer for each question. The talks and conversations will be spoken **TWICE**.

지시 사항: 11번부터 25번까지는 짧은 대화나 이야기를 듣고, 주어진 질문에 가장 알맞은 답을 고르는 문제입니다. 지문은 **두 번씩** 들려줍니다.

11. Who will they ask for help?

(A)   (B)   (C)   (D)

12. What are they talking about?

(A)   (B)   (C)   (D)

13. When will the girl sleep?

(A)   (B)   (C)   (D)

14. Where are the boy and girl?

      (A) at a park

      (B) at a farm

      (C) at school

      (D) at a marketplace

15. Why DIDN'T the girl hear the boy?

      (A) She was watching TV.

      (B) She was using her phone.

      (C) She was listening to music.

      (D) The boy did not speak loudly.

16. What happened to their teacher?

      (A) She lost her book.

      (B) She forgot her book.

      (C) She went to eat lunch.

      (D) She took her book home.

17. How will the girl go to the library?

      (A) She'll walk.

      (B) She'll take a taxi.

      (C) She'll ride her bike.

      (D) She'll take the subway.

[18-19]

18. What does the girl drink every morning?

    (A) plain milk

    (B) orange juice

    (C) hot chocolate

    (D) chocolate milk

19. What does she do after every class?

    (A) She drinks chocolate milk.

    (B) She buys chocolate candies.

    (C) She gives chocolate to her friends.

    (D) She eats a piece of chocolate candy.

[20-21]

20. What is true about a polar bear's coat?

    (A) It is soft.

    (B) It is long.

    (C) It is white and thick.

    (D) It is easy to see on snow.

21. What do polar bears like to eat?

    (A) fish

    (B) seals

    (C) flowers

    (D) penguins

[22-23]

22. What are Lucy's favorite books?

(A) picture books

(B) English cartoons

(C) school textbooks

(D) English story books

23. Where does Lucy like to read?

(A) at school

(B) at the park

(C) in the library

(D) in her bedroom

[24-25]

24. How is an animal park different from a zoo?

(A) There are more trees.

(B) The animals don't eat.

(C) There are more animals.

(D) You can play with the animals.

25. Which animal name DIDN'T the girl say?

(A) pigs

(B) frogs

(C) ducks

(D) rabbits

26. What's next?

(A) He's a nice dog.

(B) He's just a puppy.

(C) I had him for years.

(D) He's twelve years old.

27. What's next?

(A) Her name is Carol.

(B) She's 13 years old.

(C) Yes, she speaks English.

(D) She lives near my house.

28. What's next?

(A) But I need to study.

(B) Sorry, but I'm busy.

(C) Okay, I'm very hungry.

(D) Okay, that sounds great.

29. What's next?

(A) That's too bad.

(B) I had lunch, too.

(C) That's good news.

(D) I'm happy to hear that.

30. What's next?

(A) Do you want to try it?

(B) Do you want to read it?

(C) Do you want to have some?

(D) Do you want to go together?

Section II

Reading and Writing

Part **A** Sentence Completion
5 Questions

Part **B** Situational Writing
5 Questions

Part **C** Practical Reading and Retelling
10 Questions

Part **D** General Reading and Retelling
10 Questions

DIRECTIONS: For questions 1 to 5, fill in the blanks to complete the sentences. Choose the option that BEST completes each blank.

지시 사항: 1번부터 5번까지는 빈칸을 알맞게 채워 대화를 완성하는 문제입니다. 가장 알맞은 답을 고르세요.

1. A: _____ can I have it back?
    B: I'll return it to you tomorrow.

    (A) Why
    (B) How
    (C) What
    (D) When

2. A: Who are you waiting for?
    B: I'm waiting for _____ friend.

    (A) me
    (B) my
    (C) mine
    (D) myself

3. A: The grass _____ dry.
    B: We'd better give it water.

    (A) look
    (B) looks
    (C) looking
    (D) be looking

4. A: What _____ a mailman do?
    B: He brings the mail.

    (A) is
    (B) do
    (C) was
    (D) does

5. A: May I have _____ water?
    B: Sure. Go ahead.

    (A) a
    (B) an
    (C) any
    (D) some

DIRECTIONS: For questions 6 to 10, look at the pictures and complete the sentences. Choose the option that BEST completes each sentence.

지시 사항: 6번부터 10번까지는 그림을 보고 문장을 완성하는 문제입니다. 가장 알맞은 답을 고르세요.

6.

_____ in the race.

(A) The boy is first

(B) The girl is second

(C) The dog is third

(D) The cat is fourth

7.

The children are playing _____.

(A) at the gym

(B) at the park

(C) in the room

(D) with the toys

8.

It is time to _____.

(A) wake up

(B) go to bed

(C) make the bed

(D) sit on the bed

9.

The doghouse is _____.

(A) over the tree

(B) under the tree

(C) next to the dog

(D) in front of the dog

10.

The girl goes to school at _____.

(A) six

(B) seven

(C) eight

(D) nine

DIRECTIONS: For questions 11 to 20, read the practical materials and choose the BEST answer for each question about the materials.

지시 사항: 11번부터 20번까지는 실용문을 읽고, 관련된 질문에 답하는 문제입니다. 각 질문에 가장 알맞은 답을 고르세요.

QUESTIONS 11-12. Refer to the following information.

11. Where can you see this sign?

(A) at a park

(B) at a school

(C) at the beach

(D) on the street

12. What is NOT allowed?

(A) a dog

(B) music

(C) swimming

(D) beach balls

Primary School 193
3 & 4 Grades Sports Day

	Team Blue	Team Red	Team Green	Team Yellow
3rd Grade Score	32 Points	34 Points	28 Points	38 Points
4th Grade Score	25 Points	30 Points	26 Points	32 Points
Total Score	57 Points	64 Points	54 Points	70 Points

13. Which has the fewest points?

(A) 3rd Grade, Team Green

(B) 3rd Grade, Team Yellow

(C) 4th Grade, Team Green

(D) 4th Grade, Team Blue

14. What is NOT true about the chart?

(A) It is for Test Day.

(B) There are four teams.

(C) There are two grades.

(D) It is for Primary School 193.

QUESTIONS 15-16. Refer to the following menu.

Kid's Menu

Main menu

Cheese Pizza-------------------- $6.95
Hot Dog with Fries------------- $6.95
Grilled Cheese with Fries-----$6.95
Chicken Fingers with Fries---$6.95
Pasta with Sauce -------------- $7.95
Kid's Fish and Chips ---------- $7.95

Drink

Menu includes a drink and one free refill.

Lemonade / Coke / Sprite / Orange juice
Cranberry juice / Milk or Chocolate milk

*Milkshake ---------$2.95 (not free)

15. Which meal does NOT have fries?

(A) pasta

(B) hot dog

(C) grilled cheese

(D) chicken fingers

16. Which drink is NOT refilled for free?

(A) coke

(B) lemonade

(C) milkshake

(D) orange juice

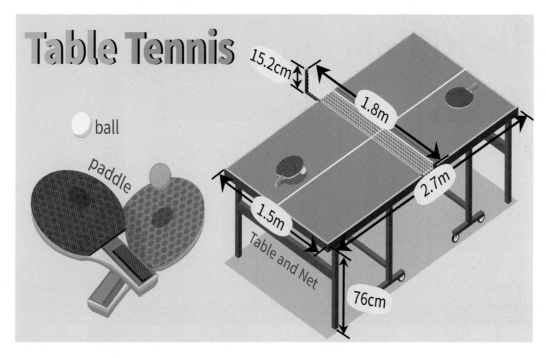

17.   What do you use to hit the ball?

(A) the net

(B) the table

(C) the tennis

(D) the paddle

18.   How long is the net?

(A) 15.2 centimeters

(B) 76 centimeters

(C) 1.5 meters

(D) 1.8 meters

QUESTIONS 19-20. Refer to the following information.

Make a Mother's Day Card

- Get a big piece of red paper.
- Draw a big heart on the paper.
- Cut the heart out.
- Fold the heart in half.
- Write a sweet note inside the card.

19. What kind of paper do you need?

   (A) big, red paper

   (B) big, green paper

   (C) small, red paper

   (D) small, blue paper

20. What do you do after you cut the heart out?

   (A) fold it in half

   (B) draw a big heart

   (C) write a sweet note

   (D) get a piece of paper

DIRECTIONS: For questions 21 to 30, read the passages and choose the BEST answer for each question about the passages.

지시 사항: 21번부터 30번까지는 글을 읽고, 글과 관련된 질문에 답하는 문제입니다. 질문에 가장 알맞은 답을 고르세요.

QUESTIONS 21-22. Refer to the following passage.

My family has a new member. It's a fat cat named Lester. Lester is very funny. He likes to eat flowers. But he doesn't like sweets. He likes to play with my toys. When he is tired, he sleeps next to my bed. I'm glad to have Lester in my family.

21. What does Lester like to eat?

(A) toys

(B) fruit

(C) flowers

(D) candies

22. Where does Lester sleep when he is tired?

(A) on the sofa

(B) under the bed

(C) next to the bed

(D) on top of the table

QUESTIONS 23-24. Refer to the following passage.

My grandmother is a very special person. First, I think she is the best cook in the world. She cooks many things. They are so delicious. She also knows how to make me and my brother happy. She tells us stories and buys us small gifts. Most of all, my grandmother is my best friend.

23. Who is the girl talking about?

(A) her family

(B) her brother

(C) her grandfather

(D) her grandmother

24. What is NOT true about the girl's grandmother?

(A) She sells gifts.

(B) She tells stories.

(C) She cooks delicious food.

(D) She makes her grandkids happy.

QUESTIONS 25-26. Refer to the following passage.

Octopuses live in the ocean. They have eight long arms. They also have two big eyes. They can see things very well with them. Octopuses use their long arms and big eyes to catch smaller animals for food. But they do not have bones in their body.

25. What is the passage mainly about?

   (A) big eyes

   (B) the ocean

   (C) the octopus

   (D) ocean animals

26. What is NOT true about octopuses?

   (A) They have bones.

   (B) They live in the ocean.

   (C) They have two big eyes.

   (D) They have eight long arms.

QUESTIONS 27-28. Refer to the following passage.

The Wright brothers made the first airplane. At first they used large kites. They learned many things about flying. Later they made gliders made of wood. A glider is a plane with no motor. At last, they made a plane that could fly. On December 17, 1903, they flew for about 12 seconds on this plane.

27. What is a glider?

(A) a large kite

(B) a kite with a motor

(C) a plane with a motor

(D) a plane with no motor

28. What happened on December 17, 1903?

(A) The Wright brothers made gliders.

(B) The Wright brothers used large kites.

(C) The Wright brothers flew the first plane.

(D) The Wright brothers made the first glider.

QUESTIONS 29- 30. Refer to the following passage.

A father had three sons. The three sons did not get along. One day, the father asked the sons to bring him a bundle of sticks. Then he asked each son to break the bundle, but they couldn't. After that, he gave each son one stick. When he asked them to break their stick, they did so easily. Then the father said, "My sons, your enemies cannot break you if you stay together. But if you always fight between yourselves, you will easily be broken."

29. Why did the father ask for a bundle of sticks?

(A) He needed wood for a fire.

(B) He wanted to break something.

(C) He wanted to teach his sons a lesson.

(D) He wanted to see how strong his sons were.

30. What is the lesson of the story?

(A) Sticks are hard to break.

(B) Brothers like to fight a lot.

(C) A strong family should get along.

(D) A family should always have sticks.

Actual Test **4**

Section I

Listening and Speaking

Part **A** Listen and Recognize
5 Questions

Part **B** Listen and Respond
5 Questions

Part **C** Listen and Retell
15 Questions

Part **D** Listen and Speak
5 Questions

DIRECTIONS: For questions 1 to 5, listen to the sentences and choose the BEST picture. The sentences will be spoken **TWICE.**

지시 사항: 1번부터 5번까지는 문장을 듣고, 가장 알맞은 그림을 고르는 문제입니다.
문제는 **두 번씩** 들려줍니다.

1.

(A)   (B)   (C)   (D)

2.

(A)   (B)   (C)   (D)

3.

(A)

(B)

(C)

(D)

4.

(A)

(B)

(C)

(D)

5.

(A)

(B)

(C)

(D)

DIRECTIONS: For questions 6 to 10, listen to the sentences and choose the BEST response. The sentences and the choices will be spoken **TWICE.** The choices are NOT printed on your test paper.

지시 사항: 6번부터 10번까지는 문장을 듣고, 가장 알맞은 대답을 고르는 문제입니다. 문제와 보기는 **두 번씩** 들려주며 보기는 시험지에 표시되지 않습니다.

6. Mark your answer on your answer sheet.

7. Mark your answer on your answer sheet.

8. Mark your answer on your answer sheet.

9. Mark your answer on your answer sheet.

10. Mark your answer on your answer sheet.

DIRECTIONS: For questions 11 to 25, listen to the short talks or conversations and choose the BEST answer for each question. The talks and conversations will be spoken **TWICE**.

지시 사항: 11번부터 25번까지는 짧은 대화나 이야기를 듣고, 주어진 질문에 가장 알맞은 답을 고르는 문제입니다. 지문은 **두 번씩** 들려줍니다.

11.   How did the girl get to school?

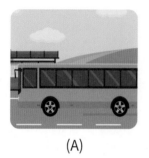   

(A)   (B)   (C)   (D)

12.   What is the boy doing?

(A)   (B)   (C)   (D)

13.   Where is the girl?

(A)   (B)   (C)   (D)

14. What does the boy have?

(A) a bag

(B) a box

(C) a bowl

(D) a basket

15. Why does the girl NOT want a sandwich?

(A) She just ate lunch.

(B) She just ate breakfast.

(C) She just brushed her teeth.

(D) She already ate a sandwich.

16. When does the boy watch TV?

(A) on Monday

(B) on Tuesday

(C) on Thursday

(D) on Sunday

17. What does Mr. Brown do?

(A) He is a bus driver.

(B) He is a taxi driver.

(C) He is a police officer.

(D) He is a post office clerk.

[18-19]

18. What kind of food does the boy like?

    (A) rice

    (B) fruits

    (C) meat

    (D) vegetables

19. What is NOT true about the boy's sister?

    (A) She likes to listen to music.

    (B) She likes to eat vegetables.

    (C) She can play the piano well.

    (D) She likes to play computer games.

[20-21]

20. What do some bats like to eat?

    (A) fruit

    (B) birds

    (C) mice

    (D) leaves

21. What can bats do very well?

    (A) see

    (B) hear

    (C) climb

    (D) smell

[22-23]

22. How often does the boy have ice-skating lessons?

     (A) every day

     (B) once a week

     (C) twice a week

     (D) three times a week

23. What day does the boy like best?

     (A) Monday

     (B) Wednesday

     (C) Saturday

     (D) Sunday

[24-25]

24. What did the girl do for Christmas?

     (A) She got to see snow.

     (B) She made many cards.

     (C) She made a lot of food.

     (D) She made her family's presents.

25. What did the girl give her mother?

     (A) a ring

     (B) a scarf

     (C) a painting

     (D) a necklace

DIRECTIONS: For questions 26 to 30, listen to the conversations and choose the BEST response. The conversations will be spoken **TWICE**.

지시 사항: 26번부터 30번까지는 대화를 듣고, 뒤에 이어질 가장 알맞은 응답을 고르는 문제입니다. 대화는 **두 번씩** 들려줍니다.

26. What's next?

(A) Sorry, I'm busy.

(B) No, I can't swim.

(C) Sure, that would be fun.

(D) Yes, I went to the beach.

27. What's next?

(A) No, it's yours.

(B) Sure, go ahead.

(C) Yes, please come.

(D) No, I'm not hungry.

28. What's next?

    (A) He is thin.

    (B) He is very tall.

    (C) Yes, he is short.

    (D) No, he is not handsome.

29. What's next?

    (A) Here you are.

    (B) Anything else?

    (C) That's a good idea.

    (D) They are five dollars.

30. What's next?

    (A) I'm very tired.

    (B) No, I'm too full.

    (C) Yes, I brought water.

    (D) Yes, I brought the plates.

Section II

Reading and Writing

DIRECTIONS: For questions 1 to 5, fill in the blanks to complete the sentences. Choose the option that BEST completes each blank.

지시 사항: 1번부터 5번까지는 빈칸을 알맞게 채워 대화를 완성하는 문제입니다. 가장 알맞은 답을 고르세요.

1. A: _____ much is it?

B: It's ten dollars.

(A) How

(B) What

(C) When

(D) Which

2. A: When is your party?

B: It's _____ April 15th.

(A) at

(B) on

(C) by

(D) with

3. A: _____ ordering a pizza

for dinner?

B: That's a good idea.

(A) May I

(B) How about

(C) Why do you

(D) What are you

4. A: Tom really _____.

B: Yes, he is doing well.

(A) like his new school

(B) like new his school

(C) likes new his school

(D) likes his new school

5. A: How often do you study

French?

B: _____.

(A) I walk.

(B) At two.

(C) Very well.

(D) Every day.

DIRECTIONS: For questions 6 to 10, look at the pictures and complete the sentences. Choose the option that BEST completes each sentence.

지시 사항: 6번부터 10번까지는 그림을 보고 문장을 완성하는 문제입니다. 가장 알맞은 답을 고르세요.

6.

There are three balls _____.

(A) in a bag

(B) in a box

(C) in a can

(D) in a bottle

7.

The woman is driving _____.

(A) on a bridge

(B) on the road

(C) along the lake

(D) through a tunnel

8.

The _____ is flying through space.

(A) robot

(B) rocket

(C) rainbow

(D) airplane

9.

The little girl _____.

(A) is hurt

(B) is happy

(C) is healthy

(D) is running

10.

The squirrel is _____.

(A) climbing the tree

(B) jumping on the grass

(C) sitting under the tree

(D) sitting on a tree branch

DIRECTIONS: For questions 11 to 20, read the practical materials and choose the BEST answer for each question about the materials.

지시 사항: 11번부터 20번까지는 실용문을 읽고, 관련된 질문에 답하는 문제입니다. 각 질문에 가장 알맞은 답을 고르세요.

QUESTIONS 11-12. Refer to the following information.

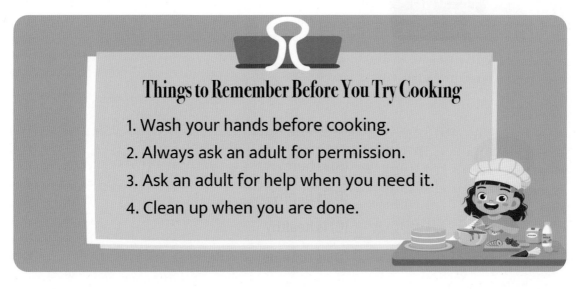

Things to Remember Before You Try Cooking

1. Wash your hands before cooking.
2. Always ask an adult for permission.
3. Ask an adult for help when you need it.
4. Clean up when you are done.

11. What do you have to do before cooking?

(A) clean floor

(B) help adults

(C) wash hands

(D) make dinner

12. What does the last step suggest to do?

(A) clean up

(B) wash hands

(C) ask an adult

(D) start cooking

QUESTIONS 13-14. Refer to the following information.

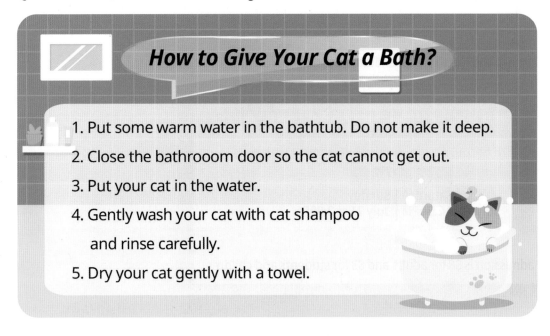

How to Give Your Cat a Bath?

1. Put some warm water in the bathtub. Do not make it deep.
2. Close the bathrooom door so the cat cannot get out.
3. Put your cat in the water.
4. Gently wash your cat with cat shampoo and rinse carefully.
5. Dry your cat gently with a towel.

13. What do you need to do first?

(A) Dry your cat with a towel.

(B) Close the bathroom door.

(C) Put your cat in the water.

(D) Wash your cat with shampoo.

14. What do you NOT need when washing your cat?

(A) a towel

(B) a comb

(C) a bathtub

(D) cat shampoo

QUESTIONS 15-16. Refer to the following poster.

Come to the North Heights Middle School Musical

BYE BYE BIRDIE

BYE BYE BIRDIE is a very funny story about a singer.

PERFORMANCE

| Saturday | Sunday |
| July 20 at 7:30PM | July 21 at 2:00PM |

ADMISSION

The cost for admission is $8 for adults and $3 for students and children.

15. How much are tickets for children?

(A) three dollars

(B) four dollars

(C) eight dollars

(D) ten dollars

16. What is the musical about?

(A) love

(B) a bird

(C) a singer

(D) a student

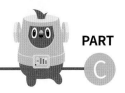

QUESTIONS 17-18. Refer to the following chart.

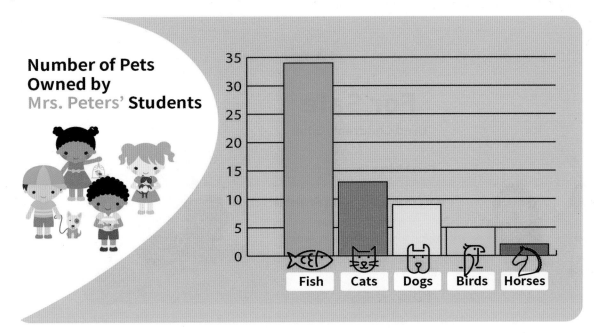

Number of Pets Owned by Mrs. Peters' **Students**

17. How many pet birds do the students have?

(A) four

(B) five

(C) six

(D) seven

18. What are the most popular pets?

(A) fish and cats

(B) fish and dogs

(C) cats and dogs

(D) cats and birds

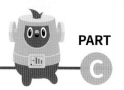
QUESTIONS 19-20. Refer to the following information.

19. What information can you NOT get from the poster?

(A) price of the book

(B) location of the store

(C) how to contact the store

(D) number of books for sale

20. How can you contact the store?

(A) call the store

(B) text the store

(C) email the store

(D) write to the store

DIRECTIONS: For questions 21 to 30, read the passages and choose the BEST answer for each question about the passages.

지시 사항: 21번부터 30번까지는 글을 읽고, 글과 관련된 질문에 답하는 문제입니다. 질문에 가장 알맞은 답을 고르세요.

QUESTIONS 21-22. Refer to the following passage.

My name is Billy Keller. My favorite place is our home. Our house is 15 years old, but it is pretty. I love to play with my two dogs in the yard. Our yard is big with many trees and flowers. My parents bought this house when I was born, 12 years ago.

21. Where does the boy like to play?

(A) at the park

(B) in his yard

(C) in his house

(D) at the playground

22. How old is the boy?

(A) He is 8 years old.

(B) He is 10 years old.

(C) He is 12 years old.

(D) He is 15 years old.

Hi, my name is Emily. Sometimes I don't like to go to bed at night. But when I don't sleep enough, I easily get angry or sad. Sleep helps me grow tall and stay healthy. When I sleep enough, I do better at school. I need sleep to feel happy.

23. What is this passage about?

(A) growing tall

(B) studying well

(C) feeling happy

(D) sleeping enough

24. What happens when Emily doesn't sleep enough?

(A) She grows tall.

(B) She gets angry.

(C) She feels happy.

(D) She becomes healthy.

QUESTIONS 25-26. Refer to the following passage.

In 1888, there was a very bad snowstorm in the United States. It was called the Great White Hurricane. People could not travel or talk on the phone. Over 400 people died. The storm lasted 36 hours. Over 127 cm of snow fell.

25. How long did the storm last?

(A) twelve hours

(B) twenty-four hours

(C) thirty-six hours

(D) forty-eight hours

26. Which of the following is NOT true?

(A) Over one meter of snow fell.

(B) Few people died in the storm.

(C) The storm happened in 1888.

(D) The storm was called the Great White Hurricane.

QUESTIONS 27-28. Refer to the following passage.

It's spring break! Tonight Kevin will fly to Chicago to visit his grandparents. He hasn't seen them since last Christmas. His grandfather will take him to a baseball game. Also they will eat pizza and walk in a park. His grandmother will take him shopping for new clothes.

27. When will the boy leave to see his grandparents?

(A) tonight

(B) tomorrow

(C) at Christmas

(D) when spring is over

28. Which is NOT true about the boy's visit?

(A) He will eat pizza.

(B) He will go shopping.

(C) He will play baseball.

(D) He will walk in a park.

QUESTIONS 29-30. Refer to the following passage.

> Many children have written books. You can find them in the library. Francis Hawkins was one of the first children to write a book. In 1641, when he was eight years old, he wrote a book about children's manners. In 1962, Dorothy Straight was only four years old when she wrote *How the World Began.*

29. Which is NOT true about Francis Hawkins?

(A) He was born in 1641.

(B) He wrote about children's manners.

(C) You can find his book in the library.

(D) He wrote a book over 370 years ago.

30. What is special about Dorothy Straight?

(A) She wrote about the world.

(B) She was born over 50 years ago.

(C) She was four when she wrote her book.

(D) She was the first girl to ever write a book.

Actual Test 5

Section I

Listening and Speaking

Part **A** Listen and Recognize
5 Questions

Part **B** Listen and Respond
5 Questions

Part **C** Listen and Retell
15 Questions

Part **D** Listen and Speak
5 Questions

DIRECTIONS: For questions 1 to 5, listen to the sentences and choose the BEST picture. The sentences will be spoken **TWICE.**

지시 사항: 1번부터 5번까지는 문장을 듣고, 가장 알맞은 그림을 고르는 문제입니다.
문제는 **두 번씩** 들려줍니다.

1.

(A)　　　　　　　　(B)　　　　　　　　(C)　　　　　　　　(D)

2.

(A)　　　　　　　　(B)　　　　　　　　(C)　　　　　　　　(D)

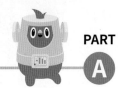
3.

(A)

(B)

(C)

(D)

4.

(A)

(B)

(C)

(D)

5.

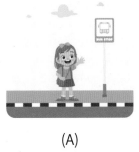

(A)

(B)

(C)

(D)

DIRECTIONS: For questions 6 to 10, listen to the sentences and choose the BEST response. The sentences and the choices will be spoken **TWICE.** The choices are NOT printed on your test paper.

지시 사항: 6번부터 10번까지는 문장을 듣고, 가장 알맞은 대답을 고르는 문제입니다. 문제와 보기는 **두 번씩** 들려주며 보기는 시험지에 표시되지 않습니다.

6.   Mark your answer on your answer sheet.

7.   Mark your answer on your answer sheet.

8.   Mark your answer on your answer sheet.

9.   Mark your answer on your answer sheet.

10.   Mark your answer on your answer sheet.

DIRECTIONS: For questions 11 to 25, listen to the short talks or conversations and choose the BEST answer for each question. The talks and conversations will be spoken **TWICE**.

지시 사항: 11번부터 25번까지는 짧은 대화나 이야기를 듣고, 주어진 질문에 가장 알맞은 답을 고르는 문제입니다. 지문은 **두 번씩** 들려줍니다.

11.   What are they looking at?

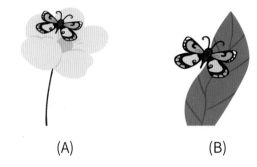

(A)   (B)   (C)   (D)

12.   What is the weather like today?

(A)   (B)   (C)   (D)

13.   What is the boy cutting?

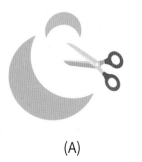
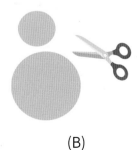
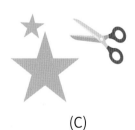
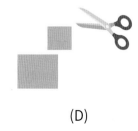

(A)   (B)   (C)   (D)

14. Who are they looking at?

    (A) a cat

    (B) a dog

    (C) a child

    (D) a clown

15. How does the boy feel?

    (A) happy

    (B) thirsty

    (C) sleepy

    (D) hungry

16. Who is in the living room?

    (A) the girl's uncle

    (B) the boy's uncle

    (C) the boy's father

    (D) the boy's cousin

17. Where is the store?

    (A) near their home

    (B) close to the bank

    (C) not far from the school

    (D) far away from the school

[18-19]

18. Who did the girl go with?

      (A) her friends

      (B) her parents

      (C) her cousins

      (D) her grandparents

19. Where did the girl see a fox?

      (A) in the pond

      (B) on the grass

      (C) in the bushes

      (D) in front of her

[20-21]

20. What kind of sandwich does the boy like?

      (A) ham and cheese

      (B) beef and cheese

      (C) ham and tomato

      (D) cheese and tomato

21. How many cookies are in the boy's lunch?

      (A) one

      (B) two

      (C) three

      (D) four

[22-23]

22. When does the girl play with her friends?

    (A) on Fridays

    (B) on Saturdays

    (C) on Sundays

    (D) every day

23. What do they do in the living room?

    (A) play games

    (B) listen to CDs

    (C) do homework

    (D) play the piano

[24-25]

24. Why does the boy take the train?

    (A) to visit a farm

    (B) to visit his parents

    (C) to visit his cousins

    (D) to look at farm animals

25. How long does the train ride take?

    (A) two hours

    (B) four hours

    (C) twenty-four hours

    (D) four days

26. What's next?

(A) Okay, you can use it.

(B) No, I don't have a camera.

(C) Yes, thanks for the camera.

(D) Yes, it's a very nice camera.

27. What's next?

(A) Sure, here it is.

(B) Here's my ruler.

(C) No, don't erase it.

(D) Yes, I have another pencil.

28. What's next?

(A) I'm cold, too.

(B) No, I can't swim.

(C) Okay, that's fine.

(D) I'm sorry, you can't go.

29. What's next?

(A) Yes, I do. Thanks.

(B) You're really hungry.

(C) Thanks for the burger.

(D) No thanks. I'm not hungry.

30. What's next?

(A) I'm going today.

(B) He's feeling fine.

(C) I'm sorry you're sick.

(D) No, I have seen a doctor.

Section II

Reading and Writing

Part **A** Sentence Completion
5 Questions

Part **B** Situational Writing
5 Questions

Part **C** Practical Reading and Retelling
10 Questions

Part **D** General Reading and Retelling
10 Questions

> **DIRECTIONS:** For questions 1 to 5, fill in the blanks to complete the sentences. Choose the option that BEST completes each blank.
>
> **지시 사항:** 1번부터 5번까지는 빈칸을 알맞게 채워 대화를 완성하는 문제입니다. 가장 알맞은 답을 고르세요.

1. A: Can you open this jar, please?

B: Sure, _____.

(A) I can

(B) I can't

(C) I have

(D) I haven't

2. A: _____ pages did you read in your book?

B: I read to page 30.

(A) How much

(B) How many

(C) What much

(D) What many

3. A: Did you have a spelling test?

B: Yes, and I _____ a perfect score.

(A) got

(B) get

(C) gets

(D) am getting

4. A: Can we stop cleaning now?

B: No, we need to _____.

(A) finish

(B) finished

(C) finishes

(D) finishing

5. A: This soup is delicious!

B: Thanks, it's _____ mom's recipe.

(A) me

(B) my

(C) mine

(D) myself

DIRECTIONS: For questions 6 to 10, look at the pictures and complete the sentences. Choose the option that BEST completes each sentence.

지시 사항: 6번부터 10번까지는 그림을 보고 문장을 완성하는 문제입니다. 가장 알맞은 답을 고르세요.

6.

The woman is _____.

(A) picking candy

(B) eating oranges

(C) buying hot dogs

(D) selling hamburgers

7.

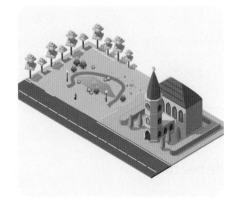

The church is _____.

(A) in the park

(B) to the park

(C) on the park

(D) near the park

8.

The boy is _____.

(A) making a robot on his bed

(B) building a rocket on a table

(C) putting his books on a chair

(D) doing his homework at his desk

9.

_____ boys are playing soccer on the grass.

(A) Two

(B) Three

(C) Four

(D) Five

10.

The boy is _____ with a kite.

(A) lying on the beach

(B) sitting on the beach

(C) reading on the beach

(D) running on the beach

DIRECTIONS: For questions 11 to 20, read the practical materials and choose the BEST answer for each question about the materials.

지시 사항: 11번부터 20번까지는 실용문을 읽고, 관련된 질문에 답하는 문제입니다. 각 질문에 가장 알맞은 답을 고르세요.

QUESTIONS 11 – 12. Refer to the following information.

STORYLAND FUN PARK

Six Great Children's Rides
(Only children under 12 can ride)

Bumper Boats	$2.00
Go Karts	$3.00
Ferris Wheel	$1.50
Horse Rides	$4.00
Roller Coaster	$3.00
Toot Toot Train	$2.50

11. Who can go on the rides?

(A) all children

(B) children under 6

(C) children under 12

(D) children over 12

12. How much does it cost to ride the train?

(A) two dollars

(B) two dollars and fifty cents

(C) three dollars

(D) four dollars

QUESTIONS 13-14. Refer to the following information.

13. When does quiet time begin?

    (A) at ten o'clock in the morning

    (B) at five o'clock in the afternoon

    (C) at ten o'clock in the evening

    (D) at midnight

14. Who must pay five dollars to use the campground?

    (A) people who fish

    (B) people with tents

    (C) people with trailers

    (D) people having picnics

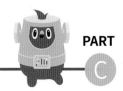

QUESTIONS 15-16. Refer to the following information.

15. What time does Bingo the Clown start?

(A) at three o'clock

(B) at three-thirty

(C) at four o'clock

(D) at four-twenty

16. What comes after Wild Animal World?

(A) Bingo the Clown

(B) Poppie and Monster

(C) Sing Along with Susie

(D) Billy Goat and Friends

Jake's Burgers

Burger

Cheeseburger $6
Chicken Burger $8

Beverage

Coke $2
Lemonade $3

If you order burger and beverage together, you will get 10% discount.

17. What is NOT on the menu?

(A) berverage

(B) french fries

(C) cheeseburger

(D) chicken burger

18. How can you get 10% discount?

(A) order online

(B) order two burgers

(C) order chicken burger

(D) order burger and coke

QUESTIONS 19-20. Refer to the following information.

Find the Treasure Box
in the Park

1. Begin at the park gate.
2. Walk to the children's zoo.
3. Go to the bird cage.
4. Walk to the picnic tables.
5. Find the red picnic table.
6. Look for a paper under a table.

19. What do they find in the park?

(A) the gate

(B) a bird cage

(C) zoo animals

(D) a treasure box

20. Where do people start?

(A) at the zoo

(B) at the park gate

(C) at the bird cage

(D) at the picnic table

DIRECTIONS: For questions 21 to 30, read the passages and choose the BEST answer for each question about the passages.

지시 사항: 21번부터 30번까지는 글을 읽고, 글과 관련된 질문에 답하는 문제입니다. 질문에 가장 알맞은 답을 고르세요.

QUESTIONS 21-22. Refer to the following passage.

> Rainbows are made when the sun shines on raindrops. Rainbows' colors are red, orange, yellow, green, blue, indigo and purple. All rainbows look different from each other. Sometimes two rainbows can be seen in the sky at one time.

21. What is this passage about?

(A) colors

(B) clouds

(C) weather

(D) rainbows

22. How many colors can you see?

(A) three

(B) five

(C) six

(D) seven

QUESTIONS 23-24. Refer to the following passage.

> The Kermode bear lives in Canada. It is a white bear that lives deep in the forest. There are only about 1,200 Kermode bears, and people do not see them very often. It eats green leaves, berries and fish. In the winter, it sleeps in large, old trees.

23.   What is this passage about?

(A) an old bear

(B) a black bear

(C) a white bear

(D) a brown bear

24.   What does the Kermode bear NOT eat?

(A) fish

(B) leaves

(C) berries

(D) bananas

QUESTIONS 25-26. Refer to the following passage.

I like to watch my mom make pizza. First, she puts tomato sauce on the pizza bread. Then she adds ham and pieces of pineapple. Last, she puts cheese over the pizza and cooks it for 20 minutes. The pizza is best when the cheese is soft.

25. When should you add tomato sauce?

(A) before you add the ham

(B) after you add the cheese

(C) after you add the pineapple

(D) before you make the pizza bread

26. What makes the pizza more delicious?

(A) using many vegetables

(B) making the cheese soft

(C) using fresh ham and apples

(D) cooking it for less than 15 minutes

QUESTIONS 27-28. Refer to the following passage.

Keeping a bird is fun. The bird's cage should not be too small. The bird's cage should be big enough for your bird to fly. Feed your bird seeds and give it lots of water. Keep your bird happy. Put a swing in its cage. Add a mirror so your bird can look at itself.

27. How can you make your bird happy?

(A) Give it a tree.

(B) Give it a swing.

(C) Put it in a cage.

(D) Give it a toy doll.

28. Why does a bird need a mirror?

(A) to clean itself

(B) to talk to itself

(C) to sing to itself

(D) to look at itself

QUESTIONS 29-30. Refer to the following passage.

The word 'jeans' comes from a kind of cloth. The cloth was made in Genoa, Italy. Fishermen wore clothes made from it. The cloth was very strong. It was a deep purple color. People really liked 1930s cowboy films. So many people started to wear jeans.

29. Who wore jeans first?

(A) farmers

(B) cowboys

(C) fishermen

(D) movie stars

30. What made many people want to wear jeans?

(A) films

(B) books

(C) stories

(D) television

Appendix

A

about	prep. ~에 대하여
add	v. 추가하다
address	n. 주소
afternoon	n. 오후
all kinds of	많은 종류의
all over the world	adj. 전 세계에
along	prep. ...을 따라
always	adv. 항상
angelfish	n. 전자리 상어
animal park	n. (야생 동물을 풀어놓고 구경하게 하는) 동물 공원, 자연 동물원
anyone	pron. 누구, 아무
April	n. 4월
arrow	n. 화살표
at one time	동시에, 일찍이
auditorium	n. 강당
available	adj. 구할 수 있는

B

bamboo	n. 대나무
baseball	n. 야구
baseball game	n. 야구 경기
basket	n. 바구니
bat	n. 박쥐
bath	n. 목욕

be going to...	...을 할 것이다(의도를 나타냄)
bee	벌
before	prep. ~하기 전
behind	prep. ~ 뒤에
between	prep. ~ 사이에
beverage	n. 음료
bicycle	n. 자전거
bin	n. 쓰레기통
boil	v. 끓다
bone	n. 뼈
book	n. 책
boring	adj. 재미없는
borrow	v. 빌리다
bottle	n. 병
bowl	n. 그릇
box	n. 상자
branch	n. 나뭇가지
bridge	n. 다리
bring	v. 가져오다 (bring-brought-brought)
broken	adj. 고장난
brown	n. 갈색
brush	v. (솔질, 빗질) 솔질을 하다.
building	n. 건물
bundle of ...	...의 묶음
bush	n. 덤불

busy	adj. 바쁜
button	n. 버튼
buy	v. 사다

C

can	n. 캔
careful	adj. 조심하는
carrot	n. 당근
carry	v. 옮기다, 운반하다
cat	n. 고양이
channel	n. 채널
chat	v. 대화하다
chips	n. 감자튀김
church	n. 교회
clean	v. 청소하다, 닦다
clean a room	방 청소하다
clean up	청소하다, ~을 치우다
clothes washer	n. 세탁기
cloudy	adj. 흐린
clown	n. 광대
cold	n. 감기
collect	v. 모으다
come over	(누구의 집에) 들르다
come true	이루어지다
cook	n. 요리사
cookie	n. 쿠키

cut	v. 자르다

D

dance	v. 춤추다
deep	adj. 깊은
delicious	adj. 맛있는
desk	n. 책상
difficult	adj. 어려운
dinner	n. 저녁
discount	n. 할인
do homework	숙제하다
dog	n. 개, 강아지
doll	n. 인형
dress	n. 원피스
drink	n. 음료수, 술; v. (음료를) 마시다
drive	v. 태워다 주다

E

each other	서로
earache	n. 귀통증
eat	v. (음식·밥 등을) 먹다
electrical line	n. 전깃줄
enough	adj. 충분한
eraser	n. 지우개
especially	adv. 특히
every	adv. ~마다; 모든
expensive	adj. 비싼

F

famous	adj. 유명한
favorite	adj. 가장(매우) 좋아하는
fee	n. 이용료
feed	v. 밥을 먹이다, 먹이를 주다
few	adj. 많지 않은
field	n. 들판, 밭, 장
fight	v. 싸우다
film	n. 영화; v. 촬영하다
fine	adj. 괜찮은
finish	v. 마치다, 끝내다
first	(서수사) 첫째, 1등의
fisherman	n. 어부
floor	n. 층
fly a kite	연을 날리다
fold	v. 접다
fourth	(서수사) 넷째, 4등의
French	n. 프랑스어
fresh water	n. 민물
freshwater fish	n. 민물 물고기
fried	adj. 기름에 튀긴
friendly	adj. 친근한
funny	adj. 웃긴

G

gate	n. 출입문
Genoa	n. (이탈리아 북서부의 항구 도시) 제노바
gently	adv. 부드럽게
get along	...와 함께 잘 지내다
gift	n. 재능
give (somebody) a ride	(~를) 태워 주다
glasses	n. 안경
go	v. 가다(go-went-gone)
go to school	학교에 가다
goldfish	n. 금붕어
grass	n. 잔디
greedy	adj. 욕심 많은
gym	n. 체육관

H

handsome	adj. 잘생긴
hang	v. 매달다, 매달리다
happen to...	...에게 일어나다
have something back	~을 되찾다
have to	v. ('의무'를 나타내어) ...해야 한다, ('충고·권고'를 나타내어) ...해야 한다, ('확신'을 나타내어) 틀림없이 ...일[할] 것이다
healthy	adj. 건강한
hear	v. 듣다
heat	v. 데우다
help	v. 도와주다, 돕다
high	adj. 높은

hobby	n. 취미		kitchen	n. 주방
homework	n. 숙제		kite	n. 연
hope	v. 바라다		**L**	
house	n. 집		last	v. 지속하다
How much…?	(값이) 얼마인가요?		later	adv. 나중에
how often	얼마나 자주		laugh	v. 웃다
hungry	adj. 배고픈		learn	v. 배우다
hurry	v. 서두르다		leave	v. (사람, 장소에서) 떠나다, (살던 집, 직장, 학교 등을) 그만두다; n. 휴가
hurt	v. 다치게 하다		less	adv. 더 적게, 덜하게
I			lesson	n. 교훈
have nothing to do	할 일이 없는		Let's…	…(을)를 하자
would like to …	…하고 싶다		library	n. 도서관, 서재
important	adj. 중요한		lie	v. 누워 있다
in front of	~의 앞쪽에		like	v. 좋아하다; adj. ~와 비슷한
information	n. 정보		litter	n. 쓰레기
insect	n. 벌레		living room	n. 거실
international	adj. 국제적인		longer	adv. 더 오래
J			look	v. 보다
jar	n. (잼, 꿀 등을 담아 두는) 병		look for	찾다
jeans	n. 면(청)바지		lost	adj. 길을 잃은, (물건이) 잃어버린, 손해가 생긴, 되찾을 수 없는, 놓쳐 버린
jump	v. 뛰다			
just	adv. (별다른 생각·이유 없이) 그저		lunch	n. 점심
K			**M**	
keep	v. (특정한 상태위치에) 계속 있다, 있게 하다, (특정한 상태위치를) 유지하다, 유지하게 하다		mail	n. 우편물
			mailman	n. 우체부

make	v. 만들다	notebook	n. 공책
manners	n. (사람의) 태도, (일의) 방식, (특정 사회·문화의) 예의	November	n. 11월
math	n. 수학	**O**	
matter	n. 문제	o'clock	adv. ~시(1에서 12까지의 숫자 뒤에 써서 정확한 시간을 나타냄)
May I ~?	~해도 될까요?	octopus	n. 문어
member	n. 구성원	office worker	n. 사무직 근로자
microwave	n. 전자레인지	old	adj. 나이 많은
mind	v. 허락을 구하거나 정중히 부탁할 때 씀; 언짢아하다, 상관하다	on Mondays	월요일마다
Monday	n. 월요일	on Saturdays	토요일마다
monkey	n. 원숭이	on top of	prep. ~위에
morning	n. 아침	on weekends	주말에
most of all	그 중에서도, 무엇보다도	orange	n. 오렌지
mountain	n. 산	order	v. 주문하다
movie	n. 영화	outside	n. (건물 등의) 밖(바깥)
musician	n. 음악가	over	prep. 위에
N		over there	(저쪽)저기에서
nap	n. 낮잠	own	v. 소유하다, 가지다
near	adj. 가까운; adv. 가까이(에)	**P**	
necklace	n. 목걸이	P.E.(Physical Education)	n. 체육
net	n. 그물망	paddle	n. (탁구) 라켓
next to	prep. ~옆에	page	n. 페이지, 쪽
noise	n. 소리	paint	v. 칠하다
North Pole	n. 북극	paint a picture	(그림 물감으로) 그림을 그리다
not at all	전혀, 천만에	pants	n. 바지

peach	n. 복숭아
pen	n. 펜
pen pal	n. 펜팔, 편지 친구
pencil	n. 연필
performance	n. 공연
permission	n. 허락, 허가
pick	v. 고르다
picnic	n. 소풍
picnic lunch	소풍 도시락
piece	n. (자르거나 나눠 놓은 것의) 한 부분 조각
pilot	n. 비행기 조종사
plane	n. 비행기
plastic wrapper	n. 비닐 포장지
play soccer	n. 축구를 하다
play video games	비디오 게임을 하다
playground	n. 놀이터
polar bear	n. 북극곰
police officer	n. 경찰관
pond	n. 연못
poster	n. 포스터, 벽보
practice	v. 연습하다
present	n. 선물
primary school	n. 초등학교
put	v. (특정한 장소·위치에) 놓다, (사물을 억지로 밀어) 넣다, (특정한 곳에 사람 사물을) 들어가게 하다

Q

quickly	adv. 빨리
quiet	adj. 조용한

R

race	n. 달리기 (경주)
read	v. 읽다
read a book	책을 읽다
refill	n. 리필 제품
restaurant	n. 식당
ride	n. 놀이 기구
right	adj. 맞은
room	n. 방
rose	n. 장미
ruler	n. 자

S

safe	adj. 안전한
sale	n. 판매
saltwater fish	n. 바닷물고기
sandwich	n. 샌드위치
save	v. 아끼다
scared	adj. 겁이 난
school	n. 학교
seal	n. 물개
season	n. 계절
second	(서수사) 둘째, 2등의

sell	v. 팔다
shop	v. 쇼핑하다
shopping mall	n. 쇼핑몰
show	n. 쇼
sign	n. 표지판
sing	v. 노래를 부르다
sit	v. 앉다
sleep	v. 잠을 자다
slowly	adv. 느리게
smell	v. (특정한) 냄새[향]가 나다; n. 냄새
smile	v. 웃다
snowstorm	n. 눈보라
snowy	adj. 눈이 내리는
soccer	n. 축구
soft	adj. 부드러운
sometimes	adv. 가끔, 때때로
sorry	adj. 후회하는
spaghetti	n. 스파게티
special	adj. 특별한
speech	n. 연설
spelling	n. 철자
squirrel	n. 다람쥐
stamp	n. 우표
star	n. 별
start	v. 시작하다

still	adv. 아직
strong	adj. (단체, 조직, 구성 등이) 튼튼한, (신체의) 힘이 센
subway	n. 지하철
sunny	adj. 화창한
sure	adv. 그럼(그래), 확실히
sweet	adj. 달콤한, 단
sweets	n. 사탕
swimming pool	n. 수영장

T

table tennis	n. 탁구
take	v. (어떤 것을 한 곳에서 다른 곳으로) 이동시키다, (손·팔을 뻗쳐) 잡다; n. 테이크(영화에서 카메라를 중단시키지 않고 한 번에 찍는 장면이나 부분)
take a bus	버스를 타다
take a lesson	수업을 받다
take a photo	사진을 찍다
take care of	돌보다
talk about...	...에 대해 이야기하다
talk on the phone	전화하다
taxi driver	n. 택시 운전사
teach	v. 가르치다
tennis	n. 테니스
than	conj/prep. ~보다
thin	adj. 마른
third	(서수사) 셋째, 3등의

thirsty	adj. 목이 마른
through	prep. ~을 지나, 통하여
ticket	n. 표, 입장권, 승차권
together	adv. 같이
tomorrow	n. 내일
tonight	n. 오늘 밤
touch	v. (손 등으로) 만지다; n. 촉각
train	n. 기차
travel	v. 여행하다
treasure	n. 보물
tree	n. 나무
twice	adv. 두 번
two	둘

U	
under	prep. 아래에
until	conj/prep. ~까지
upside down	adv. (아래위가) 거꾸로
use	v. 사용하다, (특정한 양의 액체물질 등을) 소비하다; n. 사용
used	adj. 중고의
usually	adv. 보통

V	
vehicle	n. 자동차
visit	v. 방문하다

W	
wait	v. 기다리다

wake up	일어나다
walk	v. 걷다, 산책시키다; n. 도보
want	v. 원하다 (want-wanted-wanted)
warm	adj. 따뜻한
wash hands	손을 닦다
wash the dishes	설거지 하다
waste basket	n. 쓰레기통
watch	v. 보다
watch out	조심하다
water	v. (화초 등에) 물을 주다; n. 물
water a plant	식물에 물을 주다
We had better...	...하는 것이 좋겠다
wear	v. 입다
weather	n. 날씨
weekend	n. 주말
well	adv. 잘, 완전히; adj. 건강한, 몸이 좋은
what	adv. 무엇, 몇
Where is...?	어디에 ...?
while	conj. ...하는 동안
wide	adj. 넓은
win a prize	상을 타다
window	n. 창문
wood	n. 나무
write	v. (책·음악 작품 등을) 쓰다, 집필하다, 작성하다, (글자·숫자를) 쓰다 (write-wrote-written)

Y

yard	n. 마당
yesterday	adv. 어제
yet	adv. 아직
young	adj. 젊은
yourself	pron. 자신

국제 영어능력인증시험 (TOSEL)

국제토셀위원회

BASIC

한글이름

감독확인

수 험 번 호

| 수험번호 | | (1) | (2) |

SECTION I

문항	A	B	C	D	문항	A	B	C	D
1	Ⓐ	Ⓑ	Ⓒ	Ⓓ	16	Ⓐ	Ⓑ	Ⓒ	Ⓓ
2	Ⓐ	Ⓑ	Ⓒ	Ⓓ	17	Ⓐ	Ⓑ	Ⓒ	Ⓓ
3	Ⓐ	Ⓑ	Ⓒ	Ⓓ	18	Ⓐ	Ⓑ	Ⓒ	Ⓓ
4	Ⓐ	Ⓑ	Ⓒ	Ⓓ	19	Ⓐ	Ⓑ	Ⓒ	Ⓓ
5	Ⓐ	Ⓑ	Ⓒ	Ⓓ	20	Ⓐ	Ⓑ	Ⓒ	Ⓓ
6	Ⓐ	Ⓑ	Ⓒ	Ⓓ	21	Ⓐ	Ⓑ	Ⓒ	Ⓓ
7	Ⓐ	Ⓑ	Ⓒ	Ⓓ	22	Ⓐ	Ⓑ	Ⓒ	Ⓓ
8	Ⓐ	Ⓑ	Ⓒ	Ⓓ	23	Ⓐ	Ⓑ	Ⓒ	Ⓓ
9	Ⓐ	Ⓑ	Ⓒ	Ⓓ	24	Ⓐ	Ⓑ	Ⓒ	Ⓓ
10	Ⓐ	Ⓑ	Ⓒ	Ⓓ	25	Ⓐ	Ⓑ	Ⓒ	Ⓓ
11	Ⓐ	Ⓑ	Ⓒ	Ⓓ	26	Ⓐ	Ⓑ	Ⓒ	Ⓓ
12	Ⓐ	Ⓑ	Ⓒ	Ⓓ	27	Ⓐ	Ⓑ	Ⓒ	Ⓓ
13	Ⓐ	Ⓑ	Ⓒ	Ⓓ	28	Ⓐ	Ⓑ	Ⓒ	Ⓓ
14	Ⓐ	Ⓑ	Ⓒ	Ⓓ	29	Ⓐ	Ⓑ	Ⓒ	Ⓓ
15	Ⓐ	Ⓑ	Ⓒ	Ⓓ	30	Ⓐ	Ⓑ	Ⓒ	Ⓓ

SECTION II

문항	A	B	C	D	문항	A	B	C	D
1	Ⓐ	Ⓑ	Ⓒ	Ⓓ	16	Ⓐ	Ⓑ	Ⓒ	Ⓓ
2	Ⓐ	Ⓑ	Ⓒ	Ⓓ	17	Ⓐ	Ⓑ	Ⓒ	Ⓓ
3	Ⓐ	Ⓑ	Ⓒ	Ⓓ	18	Ⓐ	Ⓑ	Ⓒ	Ⓓ
4	Ⓐ	Ⓑ	Ⓒ	Ⓓ	19	Ⓐ	Ⓑ	Ⓒ	Ⓓ
5	Ⓐ	Ⓑ	Ⓒ	Ⓓ	20	Ⓐ	Ⓑ	Ⓒ	Ⓓ
6	Ⓐ	Ⓑ	Ⓒ	Ⓓ	21	Ⓐ	Ⓑ	Ⓒ	Ⓓ
7	Ⓐ	Ⓑ	Ⓒ	Ⓓ	22	Ⓐ	Ⓑ	Ⓒ	Ⓓ
8	Ⓐ	Ⓑ	Ⓒ	Ⓓ	23	Ⓐ	Ⓑ	Ⓒ	Ⓓ
9	Ⓐ	Ⓑ	Ⓒ	Ⓓ	24	Ⓐ	Ⓑ	Ⓒ	Ⓓ
10	Ⓐ	Ⓑ	Ⓒ	Ⓓ	25	Ⓐ	Ⓑ	Ⓒ	Ⓓ
11	Ⓐ	Ⓑ	Ⓒ	Ⓓ	26	Ⓐ	Ⓑ	Ⓒ	Ⓓ
12	Ⓐ	Ⓑ	Ⓒ	Ⓓ	27	Ⓐ	Ⓑ	Ⓒ	Ⓓ
13	Ⓐ	Ⓑ	Ⓒ	Ⓓ	28	Ⓐ	Ⓑ	Ⓒ	Ⓓ
14	Ⓐ	Ⓑ	Ⓒ	Ⓓ	29	Ⓐ	Ⓑ	Ⓒ	Ⓓ
15	Ⓐ	Ⓑ	Ⓒ	Ⓓ	30	Ⓐ	Ⓑ	Ⓒ	Ⓓ

BASIC

한글이름

감독확인

국제토셀위원회

SECTION I

문항	A	B	C	D	문항	A	B	C	D
1	Ⓐ	Ⓑ	Ⓒ	Ⓓ	16	Ⓐ	Ⓑ	Ⓒ	Ⓓ
2	Ⓐ	Ⓑ	Ⓒ	Ⓓ	17	Ⓐ	Ⓑ	Ⓒ	Ⓓ
3	Ⓐ	Ⓑ	Ⓒ	Ⓓ	18	Ⓐ	Ⓑ	Ⓒ	Ⓓ
4	Ⓐ	Ⓑ	Ⓒ	Ⓓ	19	Ⓐ	Ⓑ	Ⓒ	Ⓓ
5	Ⓐ	Ⓑ	Ⓒ	Ⓓ	20	Ⓐ	Ⓑ	Ⓒ	Ⓓ
6	Ⓐ	Ⓑ	Ⓒ	Ⓓ	21	Ⓐ	Ⓑ	Ⓒ	Ⓓ
7	Ⓐ	Ⓑ	Ⓒ	Ⓓ	22	Ⓐ	Ⓑ	Ⓒ	Ⓓ
8	Ⓐ	Ⓑ	Ⓒ	Ⓓ	23	Ⓐ	Ⓑ	Ⓒ	Ⓓ
9	Ⓐ	Ⓑ	Ⓒ	Ⓓ	24	Ⓐ	Ⓑ	Ⓒ	Ⓓ
10	Ⓐ	Ⓑ	Ⓒ	Ⓓ	25	Ⓐ	Ⓑ	Ⓒ	Ⓓ
11	Ⓐ	Ⓑ	Ⓒ	Ⓓ	26	Ⓐ	Ⓑ	Ⓒ	Ⓓ
12	Ⓐ	Ⓑ	Ⓒ	Ⓓ	27	Ⓐ	Ⓑ	Ⓒ	Ⓓ
13	Ⓐ	Ⓑ	Ⓒ	Ⓓ	28	Ⓐ	Ⓑ	Ⓒ	Ⓓ
14	Ⓐ	Ⓑ	Ⓒ	Ⓓ	29	Ⓐ	Ⓑ	Ⓒ	Ⓓ
15	Ⓐ	Ⓑ	Ⓒ	Ⓓ	30	Ⓐ	Ⓑ	Ⓒ	Ⓓ

SECTION II

문항	A	B	C	D	문항	A	B	C	D
1	Ⓐ	Ⓑ	Ⓒ	Ⓓ	16	Ⓐ	Ⓑ	Ⓒ	Ⓓ
2	Ⓐ	Ⓑ	Ⓒ	Ⓓ	17	Ⓐ	Ⓑ	Ⓒ	Ⓓ
3	Ⓐ	Ⓑ	Ⓒ	Ⓓ	18	Ⓐ	Ⓑ	Ⓒ	Ⓓ
4	Ⓐ	Ⓑ	Ⓒ	Ⓓ	19	Ⓐ	Ⓑ	Ⓒ	Ⓓ
5	Ⓐ	Ⓑ	Ⓒ	Ⓓ	20	Ⓐ	Ⓑ	Ⓒ	Ⓓ
6	Ⓐ	Ⓑ	Ⓒ	Ⓓ	21	Ⓐ	Ⓑ	Ⓒ	Ⓓ
7	Ⓐ	Ⓑ	Ⓒ	Ⓓ	22	Ⓐ	Ⓑ	Ⓒ	Ⓓ
8	Ⓐ	Ⓑ	Ⓒ	Ⓓ	23	Ⓐ	Ⓑ	Ⓒ	Ⓓ
9	Ⓐ	Ⓑ	Ⓒ	Ⓓ	24	Ⓐ	Ⓑ	Ⓒ	Ⓓ
10	Ⓐ	Ⓑ	Ⓒ	Ⓓ	25	Ⓐ	Ⓑ	Ⓒ	Ⓓ
11	Ⓐ	Ⓑ	Ⓒ	Ⓓ	26	Ⓐ	Ⓑ	Ⓒ	Ⓓ
12	Ⓐ	Ⓑ	Ⓒ	Ⓓ	27	Ⓐ	Ⓑ	Ⓒ	Ⓓ
13	Ⓐ	Ⓑ	Ⓒ	Ⓓ	28	Ⓐ	Ⓑ	Ⓒ	Ⓓ
14	Ⓐ	Ⓑ	Ⓒ	Ⓓ	29	Ⓐ	Ⓑ	Ⓒ	Ⓓ
15	Ⓐ	Ⓑ	Ⓒ	Ⓓ	30	Ⓐ	Ⓑ	Ⓒ	Ⓓ

수 험 번 호

(숫자 마킹란: ⓪①②③④⑤⑥⑦⑧⑨)

(1)

(2)

주의사항

1. 수험번호 및 답안은 검은색 사인펜을 사용해서 <보기>와 같이 표기합니다.
   <보기> 바른표기 : ●   틀린표기 : ⊙ ⊗ ◑ ◍
2. 수험번호(1)에는 아라비아 숫자로 쓰고, (2)에는 해당란에 ● 표기합니다.
3. 답안 수정은 수정테이프로 흔적을 깨끗이 지웁니다.
4. 수험번호 및 답안 작성란 이외의 여백에 낙서를 하지 마시기 바랍니다. 이로 인한 불이익은 수험자 본인 책임입니다.
5. 마킹오류로 채점 불가능한 답안은 0점 처리되오니, 이점 유의하시기 바랍니다.

국제영어능력인증시험 (TOSEL)

BASIC

한글이름

감독확인

SECTION I

문항	A	B	C	D
1	Ⓐ	Ⓑ	Ⓒ	Ⓓ
2	Ⓐ	Ⓑ	Ⓒ	Ⓓ
3	Ⓐ	Ⓑ	Ⓒ	Ⓓ
4	Ⓐ	Ⓑ	Ⓒ	Ⓓ
5	Ⓐ	Ⓑ	Ⓒ	Ⓓ
6	Ⓐ	Ⓑ	Ⓒ	Ⓓ
7	Ⓐ	Ⓑ	Ⓒ	Ⓓ
8	Ⓐ	Ⓑ	Ⓒ	Ⓓ
9	Ⓐ	Ⓑ	Ⓒ	Ⓓ
10	Ⓐ	Ⓑ	Ⓒ	Ⓓ
11	Ⓐ	Ⓑ	Ⓒ	Ⓓ
12	Ⓐ	Ⓑ	Ⓒ	Ⓓ
13	Ⓐ	Ⓑ	Ⓒ	Ⓓ
14	Ⓐ	Ⓑ	Ⓒ	Ⓓ
15	Ⓐ	Ⓑ	Ⓒ	Ⓓ

문항	A	B	C	D
16	Ⓐ	Ⓑ	Ⓒ	Ⓓ
17	Ⓐ	Ⓑ	Ⓒ	Ⓓ
18	Ⓐ	Ⓑ	Ⓒ	Ⓓ
19	Ⓐ	Ⓑ	Ⓒ	Ⓓ
20	Ⓐ	Ⓑ	Ⓒ	Ⓓ
21	Ⓐ	Ⓑ	Ⓒ	Ⓓ
22	Ⓐ	Ⓑ	Ⓒ	Ⓓ
23	Ⓐ	Ⓑ	Ⓒ	Ⓓ
24	Ⓐ	Ⓑ	Ⓒ	Ⓓ
25	Ⓐ	Ⓑ	Ⓒ	Ⓓ
26	Ⓐ	Ⓑ	Ⓒ	Ⓓ
27	Ⓐ	Ⓑ	Ⓒ	Ⓓ
28	Ⓐ	Ⓑ	Ⓒ	Ⓓ
29	Ⓐ	Ⓑ	Ⓒ	Ⓓ
30	Ⓐ	Ⓑ	Ⓒ	Ⓓ

SECTION II

문항	A	B	C	D
1	Ⓐ	Ⓑ	Ⓒ	Ⓓ
2	Ⓐ	Ⓑ	Ⓒ	Ⓓ
3	Ⓐ	Ⓑ	Ⓒ	Ⓓ
4	Ⓐ	Ⓑ	Ⓒ	Ⓓ
5	Ⓐ	Ⓑ	Ⓒ	Ⓓ
6	Ⓐ	Ⓑ	Ⓒ	Ⓓ
7	Ⓐ	Ⓑ	Ⓒ	Ⓓ
8	Ⓐ	Ⓑ	Ⓒ	Ⓓ
9	Ⓐ	Ⓑ	Ⓒ	Ⓓ
10	Ⓐ	Ⓑ	Ⓒ	Ⓓ
11	Ⓐ	Ⓑ	Ⓒ	Ⓓ
12	Ⓐ	Ⓑ	Ⓒ	Ⓓ
13	Ⓐ	Ⓑ	Ⓒ	Ⓓ
14	Ⓐ	Ⓑ	Ⓒ	Ⓓ
15	Ⓐ	Ⓑ	Ⓒ	Ⓓ

문항	A	B	C	D
16	Ⓐ	Ⓑ	Ⓒ	Ⓓ
17	Ⓐ	Ⓑ	Ⓒ	Ⓓ
18	Ⓐ	Ⓑ	Ⓒ	Ⓓ
19	Ⓐ	Ⓑ	Ⓒ	Ⓓ
20	Ⓐ	Ⓑ	Ⓒ	Ⓓ
21	Ⓐ	Ⓑ	Ⓒ	Ⓓ
22	Ⓐ	Ⓑ	Ⓒ	Ⓓ
23	Ⓐ	Ⓑ	Ⓒ	Ⓓ
24	Ⓐ	Ⓑ	Ⓒ	Ⓓ
25	Ⓐ	Ⓑ	Ⓒ	Ⓓ
26	Ⓐ	Ⓑ	Ⓒ	Ⓓ
27	Ⓐ	Ⓑ	Ⓒ	Ⓓ
28	Ⓐ	Ⓑ	Ⓒ	Ⓓ
29	Ⓐ	Ⓑ	Ⓒ	Ⓓ
30	Ⓐ	Ⓑ	Ⓒ	Ⓓ

수 험 번 호

(1)

(2)

주의사항

1. 수험번호 및 답안은 검은색 사인펜을 사용해서 <보기>와 같이 표기합니다.
   <보기> 바른표기 : ● 틀린표기 : ⊙ ⊗ ⊙ ◐ ◑

2. 수험번호 (1)에는 아라비아 숫자로 쓰고, (2)에는 해당란에 ● 표기합니다.

3. 답안 수정은 수정 테이프로 흔적을 깨끗이 지웁니다.

4. 수험번호 및 답안 작성란 이외의 여백에 낙서를 하지 마시기 바랍니다. 이로 인한 불이익은 수험자 본인 책임입니다.

5. 마킹오류로 채점 불가능한 답안은 0점 처리되오니, 이점 유의하시기 바랍니다.

국제토셀위원회

국제영어능력인증시험 (TOSEL)

국제토셀위원회

* 연습을 위한 OMR 카드 샘플입니다.

BASIC

한글이름

감독확인

수 험 번 호

SECTION I

문항	A B C D	문항	A B C D
1	Ⓐ Ⓑ Ⓒ Ⓓ	16	Ⓐ Ⓑ Ⓒ Ⓓ
2	Ⓐ Ⓑ Ⓒ Ⓓ	17	Ⓐ Ⓑ Ⓒ Ⓓ
3	Ⓐ Ⓑ Ⓒ Ⓓ	18	Ⓐ Ⓑ Ⓒ Ⓓ
4	Ⓐ Ⓑ Ⓒ Ⓓ	19	Ⓐ Ⓑ Ⓒ Ⓓ
5	Ⓐ Ⓑ Ⓒ Ⓓ	20	Ⓐ Ⓑ Ⓒ Ⓓ
6	Ⓐ Ⓑ Ⓒ Ⓓ	21	Ⓐ Ⓑ Ⓒ Ⓓ
7	Ⓐ Ⓑ Ⓒ Ⓓ	22	Ⓐ Ⓑ Ⓒ Ⓓ
8	Ⓐ Ⓑ Ⓒ Ⓓ	23	Ⓐ Ⓑ Ⓒ Ⓓ
9	Ⓐ Ⓑ Ⓒ Ⓓ	24	Ⓐ Ⓑ Ⓒ Ⓓ
10	Ⓐ Ⓑ Ⓒ Ⓓ	25	Ⓐ Ⓑ Ⓒ Ⓓ
11	Ⓐ Ⓑ Ⓒ Ⓓ	26	Ⓐ Ⓑ Ⓒ Ⓓ
12	Ⓐ Ⓑ Ⓒ Ⓓ	27	Ⓐ Ⓑ Ⓒ Ⓓ
13	Ⓐ Ⓑ Ⓒ Ⓓ	28	Ⓐ Ⓑ Ⓒ Ⓓ
14	Ⓐ Ⓑ Ⓒ Ⓓ	29	Ⓐ Ⓑ Ⓒ Ⓓ
15	Ⓐ Ⓑ Ⓒ Ⓓ	30	Ⓐ Ⓑ Ⓒ Ⓓ

SECTION II

문항	A B C D	문항	A B C D
1	Ⓐ Ⓑ Ⓒ Ⓓ	16	Ⓐ Ⓑ Ⓒ Ⓓ
2	Ⓐ Ⓑ Ⓒ Ⓓ	17	Ⓐ Ⓑ Ⓒ Ⓓ
3	Ⓐ Ⓑ Ⓒ Ⓓ	18	Ⓐ Ⓑ Ⓒ Ⓓ
4	Ⓐ Ⓑ Ⓒ Ⓓ	19	Ⓐ Ⓑ Ⓒ Ⓓ
5	Ⓐ Ⓑ Ⓒ Ⓓ	20	Ⓐ Ⓑ Ⓒ Ⓓ
6	Ⓐ Ⓑ Ⓒ Ⓓ	21	Ⓐ Ⓑ Ⓒ Ⓓ
7	Ⓐ Ⓑ Ⓒ Ⓓ	22	Ⓐ Ⓑ Ⓒ Ⓓ
8	Ⓐ Ⓑ Ⓒ Ⓓ	23	Ⓐ Ⓑ Ⓒ Ⓓ
9	Ⓐ Ⓑ Ⓒ Ⓓ	24	Ⓐ Ⓑ Ⓒ Ⓓ
10	Ⓐ Ⓑ Ⓒ Ⓓ	25	Ⓐ Ⓑ Ⓒ Ⓓ
11	Ⓐ Ⓑ Ⓒ Ⓓ	26	Ⓐ Ⓑ Ⓒ Ⓓ
12	Ⓐ Ⓑ Ⓒ Ⓓ	27	Ⓐ Ⓑ Ⓒ Ⓓ
13	Ⓐ Ⓑ Ⓒ Ⓓ	28	Ⓐ Ⓑ Ⓒ Ⓓ
14	Ⓐ Ⓑ Ⓒ Ⓓ	29	Ⓐ Ⓑ Ⓒ Ⓓ
15	Ⓐ Ⓑ Ⓒ Ⓓ	30	Ⓐ Ⓑ Ⓒ Ⓓ

주의사항

1. 수험번호 및 답안은 검은색 사인펜을 사용해서 <보기>와 같이 표기합니다.
   <보기> 바른표기 : ● 틀린표기 : ⊗ ⊙ ◑ ◉
2. 수험번호 (1)에는 아라비아 숫자로 쓰고, (2)에는 해당란에 ● 표기합니다.
3. 답안 수정은 수정테이프로 흔적을 깨끗이 지웁니다.
4. 수험번호 및 답안 작성란 이외의 여백에 낙서를 하지 마시기 바랍니다. 이로 인한 불이익은 수험자 본인 책임입니다.
5. 마킹오류로 채점 불가능한 답안은 0점 처리되오니, 이점 유의하시기 바랍니다.

* 정기시험 OMR로 사용이 불가합니다.

국제영어능력인증시험 (TOSEL)

*연습을 위한 OMR 카드 샘플입니다.

국제토셀위원회

BASIC

한글이름

감독확인

SECTION I

문항	A	B	C	D		문항	A	B	C	D
1	Ⓐ	Ⓑ	Ⓒ	Ⓓ		16	Ⓐ	Ⓑ	Ⓒ	Ⓓ
2	Ⓐ	Ⓑ	Ⓒ	Ⓓ		17	Ⓐ	Ⓑ	Ⓒ	Ⓓ
3	Ⓐ	Ⓑ	Ⓒ	Ⓓ		18	Ⓐ	Ⓑ	Ⓒ	Ⓓ
4	Ⓐ	Ⓑ	Ⓒ	Ⓓ		19	Ⓐ	Ⓑ	Ⓒ	Ⓓ
5	Ⓐ	Ⓑ	Ⓒ	Ⓓ		20	Ⓐ	Ⓑ	Ⓒ	Ⓓ
6	Ⓐ	Ⓑ	Ⓒ	Ⓓ		21	Ⓐ	Ⓑ	Ⓒ	Ⓓ
7	Ⓐ	Ⓑ	Ⓒ	Ⓓ		22	Ⓐ	Ⓑ	Ⓒ	Ⓓ
8	Ⓐ	Ⓑ	Ⓒ	Ⓓ		23	Ⓐ	Ⓑ	Ⓒ	Ⓓ
9	Ⓐ	Ⓑ	Ⓒ	Ⓓ		24	Ⓐ	Ⓑ	Ⓒ	Ⓓ
10	Ⓐ	Ⓑ	Ⓒ	Ⓓ		25	Ⓐ	Ⓑ	Ⓒ	Ⓓ
11	Ⓐ	Ⓑ	Ⓒ	Ⓓ		26	Ⓐ	Ⓑ	Ⓒ	Ⓓ
12	Ⓐ	Ⓑ	Ⓒ	Ⓓ		27	Ⓐ	Ⓑ	Ⓒ	Ⓓ
13	Ⓐ	Ⓑ	Ⓒ	Ⓓ		28	Ⓐ	Ⓑ	Ⓒ	Ⓓ
14	Ⓐ	Ⓑ	Ⓒ	Ⓓ		29	Ⓐ	Ⓑ	Ⓒ	Ⓓ
15	Ⓐ	Ⓑ	Ⓒ	Ⓓ		30	Ⓐ	Ⓑ	Ⓒ	Ⓓ

SECTION II

문항	A	B	C	D		문항	A	B	C	D
1	Ⓐ	Ⓑ	Ⓒ	Ⓓ		16	Ⓐ	Ⓑ	Ⓒ	Ⓓ
2	Ⓐ	Ⓑ	Ⓒ	Ⓓ		17	Ⓐ	Ⓑ	Ⓒ	Ⓓ
3	Ⓐ	Ⓑ	Ⓒ	Ⓓ		18	Ⓐ	Ⓑ	Ⓒ	Ⓓ
4	Ⓐ	Ⓑ	Ⓒ	Ⓓ		19	Ⓐ	Ⓑ	Ⓒ	Ⓓ
5	Ⓐ	Ⓑ	Ⓒ	Ⓓ		20	Ⓐ	Ⓑ	Ⓒ	Ⓓ
6	Ⓐ	Ⓑ	Ⓒ	Ⓓ		21	Ⓐ	Ⓑ	Ⓒ	Ⓓ
7	Ⓐ	Ⓑ	Ⓒ	Ⓓ		22	Ⓐ	Ⓑ	Ⓒ	Ⓓ
8	Ⓐ	Ⓑ	Ⓒ	Ⓓ		23	Ⓐ	Ⓑ	Ⓒ	Ⓓ
9	Ⓐ	Ⓑ	Ⓒ	Ⓓ		24	Ⓐ	Ⓑ	Ⓒ	Ⓓ
10	Ⓐ	Ⓑ	Ⓒ	Ⓓ		25	Ⓐ	Ⓑ	Ⓒ	Ⓓ
11	Ⓐ	Ⓑ	Ⓒ	Ⓓ		26	Ⓐ	Ⓑ	Ⓒ	Ⓓ
12	Ⓐ	Ⓑ	Ⓒ	Ⓓ		27	Ⓐ	Ⓑ	Ⓒ	Ⓓ
13	Ⓐ	Ⓑ	Ⓒ	Ⓓ		28	Ⓐ	Ⓑ	Ⓒ	Ⓓ
14	Ⓐ	Ⓑ	Ⓒ	Ⓓ		29	Ⓐ	Ⓑ	Ⓒ	Ⓓ
15	Ⓐ	Ⓑ	Ⓒ	Ⓓ		30	Ⓐ	Ⓑ	Ⓒ	Ⓓ

수 험 번 호

(1)

(2)

각 자리: ⓪①②③④⑤⑥⑦⑧⑨

주의사항

1. 수험번호 및 답안은 검은색 사인펜을 사용해서 〈보기〉와 같이 표기합니다.
   〈보기〉 바른표기 : ●
2. 수험번호 (1)에는 아라비아 숫자로 쓰고, (2)에는 해당란에 틀림표기 : ⊙ ⊗ ◐ ◑ 표기합니다.
   ● 에는 해당란에
3. 답안 수정은 수정테이프로 흔적을 깨끗이 지웁니다.
4. 수험번호 및 답안 작성란 이외의 여백에 낙서를 하거나 마시기 바랍니다. 이로 인한 불이익은 수험자 본인 책임입니다.
5. 마킹오류로 채점 불가능한 답안은 0점 처리되오니, 이점 유의하시기 바랍니다.

*정기시험 OMR로 사용이 불가합니다.

엄선된 **100만 명**의 응시자 성적 데이터를 활용한 **AI기반** 데이터 공유 및 가치 고도화 **플랫폼**

TOSEL® Lab

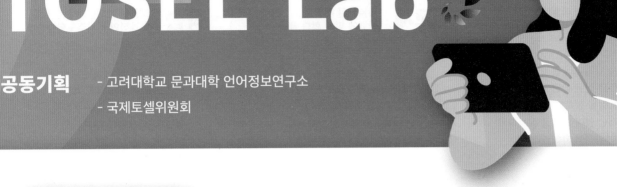

공동기획　　- 고려대학교 문과대학 언어정보연구소
　　　　　　　 - 국제토셀위원회

TOSEL Lab 이란?

국내외 15,000여 개 학교·학원 단체응시인원 중 엄선한 100만 명 이상의 실제
TOSEL 성적 데이터와, 정부(과학기술정보통신부)의 AI 바우처 지원 사업
수행기관 선정으로 개발된 맞춤식 AI 빅데이터 기반 영어성장 플랫폼입니다.

TOSEL Lab
지정교육기관 혜택

혜택 1
지역독점권

혜택 2
시험 고사장 자격 부여

혜택 3
고려대학교 field trip

혜택 4
토셀 영어학습 패키지

혜택 5
단체 성적분석자료

특강반, 신설반 교재추천

혜택 6
진단평가 기반

무료 영어학습 컨텐츠

Placement Test / Self Study / Monthly Test

학원장의 실질적인 비용부담 없이
TOSEL® Lab
브랜드를 사용할 수 있는 기회

진단 맞춤형 레벨테스트로
정확한 평가 제공

응시자 빅데이터 분석에 기반한
테스트로 신규 상담 학생의
영어능력을 정확하게 진단하고
효과적인 영어 교육을 실시하기
위한 객관적인 가이드라인을
제공합니다.

교재 세분화된 레벨로
실력에 맞는 학습 제공

TOSEL의 세분화된 교재 레벨은
각 연령에 맞는 어휘와 읽기
지능 및 교과 과정과의 연계가
가능하도록 설계된 교재들로
효과적인 학습 커리큘럼을
제공합니다.

학습 다양한 교재연계 콘텐츠로
효과적인 자기주도학습

TOSEL 시험을 대비한 다양한
콘텐츠를 제공해 영어 학습에
시너지 효과를 기대할 수
있으며, 학생들의 자기주도
학습 습관을 더 탄탄하게
키울 수 있습니다.

Reading Series
내신과 **토셀 고득점**을 한꺼번에

Pre-Starter Starter Basic Junior High-Junior

- 각 단원 학습 도입부에 주제와 관련된 이미지를 통한 말하기 연습
- 각 Unit 별 4-6개의 목표 단어 제시, 그림 또는 영문으로 단어 뜻을 제공하여 독해 학습 전 단어 숙지
- 독해&실용문 연습을 위한 지문과 Comprehension 문항을 10개씩 수록하여 이해도 확인 및 진단
- 숙지한 독해 지문을 원어민 음성으로 들으며 듣기 학습 , 듣기 전, 듣기 중, 듣기 후 학습 커리큘럼 마련

Listening Series
한국 학생들에게 최적화된 듣기 실력 완성!

Pre-Starter Starter Basic Junior High-Junior

- 초등 / 중등 교과과정 연계 말하기&듣기 학습과 세분화된 레벨
- TOSEL 기출 문장과 실생활에 자주 활용되는 문장 패턴을 통해 듣기 및 말하기 학습
- 실제 TOSEL 지문의 예문을 활용한 실용적 학습 제공
- 실전 감각 향상과 점검을 위한 기출 문제 수록

Speaking Serie
출간예정

Grammar Series

체계적인 단계별 **문법 지침서**

Pre-Starter　Starter　Basic　Junior　High-Junior

- 초등 / 중등 교과과정 연계 문법 학습과 세분화된 레벨
- TOSEL 기출 문제 연습과 최신 수능 출제 문법을 포함하여 수능 / 내신 대비 가능
- 이해하기 쉬운 그림, 깔끔하게 정리된 표와 설명, 다양한 문제를 통해 문법 학습
- 실전 감각 향상과 점검을 위한 기출 문제 수록

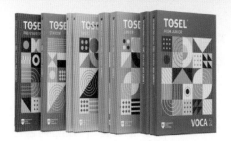

Voca Series

학년별 꼭 알아야하는 **단어 수록!**

Pre-Starter　Starter　Basic　Junior　High-Junior

- 각 단어 학습 도입부에 주제와 관련된 이미지를 통한 말하기 연습
- TOSEL 시험을 기준으로 빈출 지표를 활용한 예문과 문제 구성
- 실제 TOSEL 지문의 예문을 활용한 실용적 학습 제공
- 실전 감각 향상과 점검을 위한 실전 문제 수록

Story Series

읽는 재미에 실력까지 **동시에!**

Pre-Starter　Starter　Basic　Junior

- 초등 / 중등 교과과정 연계 영어 학습과 세분화된 레벨
- 이야기 지문과 단어를 함께 연결지어 학생들의 독해 능력을 평가
- 이해하기 쉬운 그림, 깔끔하게 정리된 표와 설명, 다양한 문제, 재미있는 스토리를 통한 독해 학습
- 다양한 단계의 문항을 풀어보고 학생들의 읽기, 듣기, 쓰기, 말하기 실력을 집중적으로 향상

교재를 100% 활용하는 TOSEL Lab 지정교육기관의 노하우!

Teaching Materials

TOSEL에서 제공하는 수업 자료로
교재 학습을 더욱 효과적으로 진행!

Study Content

철저한 자기주도학습 콘텐츠로
교재 수업 후 효과적인 복습!

Test Content

교재 학습과 더불어 학생 맞춤형
시험으로 실력 점검 및 향상

100만 명으로 엄선된 **TOSEL**
성적 데이터로 탄생!

TOSEL Lab 지정교육기관을 위한 콘텐츠로 더욱 효과적인 수업을 경험하세요.

국제토셀위원회는 TOSEL Lab 지정교육기관에서 교재로
수업하는 학원을 위해 교재를 잘 활용할 수 있는 다양한
콘텐츠를 제공 및 지원합니다.

TOSEL Lab 지정교육기관은

국제토셀위원회 직속 TOSEL연구소에서 20년 동안 보유해온
전국 15,000여 개 교육기관 토셀 응시자들의 영어성적 분석데이터를
공유받아, 통계를 기반으로 한 전문적이고 과학적인 커리큘럼을 설계하고,
영어학습 방향을 제시하여,경쟁력있는 기관, 잘 가르치는 기관으로
해당 지역에서 입지를 다지게 됩니다.

TOSEL Lab 지정교육기관으로 선정되기 위해서는
소정의 **심사 절차가 수반**됩니다.

TOSEL Lab
심사신청

TOSEL Lab
더 알아보기

TOSEL® Lab

TOSEL
실전문제집 2

BASIC
정답 및 해설

국제토셀위원회

TOSEL®
실전문제집 ❷

Basic

정답 및 해설

TOSEL BASIC

실전1회

SECTION I   LISTENING AND SPEAKING

Part A. Listen and Recognize (p.14)

1. Boy: There is a monkey on the tree.
정답 (A)
해석 소년: 나무 위에 원숭이 한 마리가 있다.
풀이 소년이 나무 위에 원숭이 한 마리가 있다고 했으므로 원숭이 한 마리가 나무 위에 있는 그림 (A)가 정답이다.
Words and Phrases monkey 원숭이 | tree 나무

2. Girl: It is cold and snowy.
정답 (B)
해석 소녀: 춥고 눈이 온다.
풀이 소녀가 춥고 눈이 온다고 했으므로 눈이 오고 있는 그림 (B)가 정답이다.
Words and Phrases snowy 눈이 내리는

3. Boy: There are two girls and one boy.
정답 (D)
해석 소년: 소녀 두 명과 소년 한 명이 있다.
풀이 소년이 소녀 두 명과 소년 한 명이 있다고 했으므로 소녀 두 명과 소년 한 명이 있는 그림 (D)가 정답이다.
Words and Phrases two 둘

4. Girl: They are watching TV.
정답 (A)
해석 소녀: 그들은 TV를 보는 중이다.
풀이 소녀가 그들이 TV를 보는 중이라고 했으므로 TV를 보고 있는 그림 (A)가 정답이다.
Words and Phrases watch 보다

5. Boy: I don't like eating spaghetti.
정답 (B)
해석 소년: 나는 스파게티 먹기를 싫어한다.
풀이 소년이 스파게티 먹기 싫어한다고 했으므로 스파게티를 먹고 싶어하지 않는 그림 (B)가 정답이다.
Words and Phrases spaghetti 스파게티

Part B. Listen and Respond (p.16)

6. Boy: What's for lunch, mom?
W: _____
   (A) You want a peach.
   (B) I like oranges.
   (C) Do you want some pizza?
   (D) I don't like cookies.
해석 소년: 엄마, 점심 뭐에요?
   여자: _____
   (A) 너는 복숭아를 원해.
   (B) 나는 오렌지가 좋아.
   (C) 피자 먹을래?
   (D) 나는 쿠키를 좋아하지 않아.
풀이 소년이 엄마에게 점심 메뉴가 무엇인지 물어봤으므로 '피자 먹을래?'라고 답한 (C)가 정답이다.
Words and Phrases peach 복숭아

7. Boy: Where do you live?
Girl: _____
   (A) I like the park.
   (B) My school is near.
   (C) I live in Seoul.
   (D) Seoul is nice.
해석 소년: 너는 어디에 사니?
   소녀: _____
   (A) 나는 공원이 좋아.
   (B) 나의 학교는 가까워.
   (C) 나는 서울에서 살아.
   (D) 서울은 좋아.
풀이 소년이 어디에서 사냐고 물어봤으므로 '~에 산다'고 대답한 (C)가 정답이다.
Words and Phrases near 가까운

8. Girl: What's the matter?
Boy: _____
   (A) I'm sick.
   (B) I'm ten.
   (C) I'm David.
   (D) I'm Korean.

해석 소녀: 무엇이 문제야?

소년: ＿＿＿＿＿＿＿＿＿

(A) 나는 아파.

(B) 나는 열 살이야.

(C) 나는 David라고 해.

(D) 나는 한국인이야.

풀이 소녀가 문제가 있는지에 대해 물어봤으므로 아프다고 대답한 (A)가 정답이다.

Words and Phrases matter 문제

9. Boy: How many pencils do you have?

Girl: ＿＿＿＿＿＿＿＿＿

(A) Yes, I do.

(B) Pencils are nice.

(C) I have two pens.

(D) I don't have any pencils.

해석 소년: 너는 연필을 몇 개 가지고 있니?

소녀: ＿＿＿＿＿＿＿＿＿

(A) 응, 맞아.

(B) 연필들은 좋지.

(C) 나에게는 펜 두 개가 있어.

(D) 나는 연필이 하나도 없어.

풀이 소년이 연필 몇 개를 가지고 있는지에 대해 물어봤으므로 연필이 하나도 없다고 대답한 (D)가 정답이다.

Words and Phrases pencil 연필

10. Girl: Do you want some orange juice?

Boy: ＿＿＿＿＿＿＿＿＿

(A) It's cold.

(B) It's sweet.

(C) Yes, please.

(D) Where is the rice?

해석 소녀: 오렌지 주스 조금 줄까?

소년: ＿＿＿＿＿＿＿＿＿

(A) 추워.

(B) 그것은 달다.

(C) 응, 줘.

(D) 밥은 어디에 있어?

풀이 소녀가 소년에게 오렌지 주스를 마실지 물어봤으므로 달라고 대답한 (C)가 정답이다.

Words and Phrases sweet 달콤한, 단

Part C. Listen and Retell (p.17)

11. Boy: Where are you?

Girl: I'm at the shopping mall.

Question: What is the girl doing?

정답 (B)

해석 소년: 너 어디야?

소녀: 나는 쇼핑몰에 있어.

질문: 소녀는 무엇을 하는 중인가?

풀이 소녀가 쇼핑몰에 있다는 대답을 통해 쇼핑하고 있음을 추측할 수 있으므로 (B)가 정답이다.

Words and Phrases shopping mall 쇼핑몰

12. Girl: How do you get to school?

Boy: I always walk. I never take the bus.

Question: How does the boy get to school?

정답 (C)

해석 소녀: 너는 어떻게 학교에 가니?

소년: 나는 항상 걸어가. 나는 한 번도 버스를 탄 적이 없어.

질문: 소년은 어떻게 학교에 가는가?

풀이 소년은 학교에 항상 걸어간다고 했으므로 걸어가는 그림 (C)가 정답이다.

Words and Phrases school 학교 | walk 걷다 | take the bus 버스를 타다

13. Girl: Where were you this morning?

Boy: I was at the library. I have a test tomorrow.

Question: Where was the boy this morning?

정답 (B)

해석 소녀: 오늘 아침에 너 어디에 있었어?

소년: 나는 도서관에 있었어. 나는 내일 시험이 있어.

질문: 오늘 아침 소년은 어디에 있었는가?

풀이 소년은 내일 시험이 있어서 오늘 아침 도서관에 있었다고 했으므로 도서관 그림 (B)가 정답이다.

Words and Phrases morning 아침 | library 도서관 | tomorrow 내일

14. Boy: Can I borrow a pencil?

Girl: Sorry, I don't have any pencils. Would you like a pen?

Question: What does the girl have?

정답 (A)

해석 소년: 내가 연필을 빌려도 될까?

소녀: 미안, 나는 연필이 하나도 없어. 펜 줄까?

질문: 소녀는 무엇을 가지고 있는가?

풀이 소녀는 연필은 없지만 "펜이라도 빌려줄까?"라는 제안에서 펜을 가지고 있음을 추측할 수 있으므로 (A)가 정답이다.

Words and Phrases borrow 빌리다 | pencil 연필 | pen 펜

15. Boy: Do you want some cookies?

Girl: No, thank you. I just ate lunch.

Question: Why does the girl NOT want any cookies?

정답 (A)

해석 소년: 너는 쿠키 조금을 원해?

소녀: 사양할게. 나 방금 점심 먹었어.

질문: 왜 소녀는 쿠키를 하나도 원하지 않는가?

풀이 소녀는 막 점심을 먹었기 때문에 쿠키를 원하지 않는다고 답했으므로 (A)가 정답이다.

Words and Phrases cookie 쿠키 | eat 먹다 | lunch 점심

16. Girl: What does your father do?

Boy: He works at my school. He teaches math.

Question: What does the boy's father do?

정답 (C)

해석 소녀: 너의 아빠의 직업은 무엇이니?

　　　소년: 우리 아빠는 학교에서 일하셔. 그는 수학을 가르치셔.

　　　질문: 소년의 아버지는 무엇을 하시는가?

풀이 소년의 아버지는 학교에서 수학을 가르치신다고 했으므로 (C)가 정답이다.

Words and Phrases teach 가르치다 | math 수학

17. Boy: Which sports do you like?

　　　Girl: I like tennis and baseball. I don't like soccer.

　　　Question: What sports does the girl like?

정답 (B)

해석 소년: 너는 어떤 스포츠를 좋아하니?

　　　소녀: 나는 테니스랑 야구를 좋아해. 나는 축구를 싫어해.

　　　질문: 소녀가 좋아하는 스포츠는 어떤 것인가?

풀이 소녀는 테니스와 야구를 좋아한다고 했으므로 (B)가 정답이다.

Words and Phrases tennis 테니스 | baseball 야구 | soccer 축구

[18-19]

Girl: I have many hobbies. I like to read and draw. I like to make things too. Last week, I made a doll's house. Today I'm making a poster for my classroom.

18. What is NOT the girl's hobby?

　　(A) writing

　　(B) reading

　　(C) drawing

　　(D) making things

19. What did she do last week?

　　(A) She made a poster.

　　(B) She went swimming.

　　(C) She went to the park.

　　(D) She made a doll's house.

해석 소녀: 나는 취미를 많이 가지고 있다. 나는 읽고 그리는 것을 좋아한다. 나는 물건을 만드는 것도 좋아한다. 지난주에, 나는 인형의 집을 만들었다. 오늘 나는 나의 교실을 위해 포스터를 만들고 있다.

18. 소녀의 취미가 아닌것은?

　　(A) 쓰기

　　(B) 읽기

　　(C) 그리기

　　(D) 물건 만들기

19. 지난주에 그녀는 무엇을 했는가?

　　(A) 그녀는 포스터를 만들었다.

　　(B) 그녀는 수영하러 갔다.

　　(C) 그녀는 공원에 갔다.

　　(D) 그녀는 인형의 집을 만들었다.

풀이 소녀는 읽고 그리고 만드는 것을 좋아한다고 했으므로 18번의 정답은 (A)이다.

　　　소녀는 지난주에 인형의 집을 만들었다고 말했으므로 19번의 정답은 (D)이다.

Words and Phrases hobby 취미 | doll 인형 | house 집 | poster 포스터, 벽보

[20-21]

Boy: Today, a new boy started at school. His name is Ben. He is eleven years old. He likes playing soccer but he doesn't like playing video games. Tomorrow, he is going to play with me after school!

20. What does Ben like?

　　(A) tennis

　　(B) soccer

　　(C) swimming

　　(D) video games

21. What are they going to do tomorrow?

　　(A) eat

　　(B) talk

　　(C) play

　　(D) study

해석 소년: 오늘, 새로운 소년이 학교를 시작했다. (새로운 소년이 전학을 왔다.) 그의 이름은 Ben이다. 그는 열한 살이다. 그는 축구하는 것을 좋아하지만 비디오 게임을 하는 것은 좋아하지 않는다. 내일, 그는 학교가 끝나고 나랑 같이 놀 것이다.

20. Ben이 좋아하는 것은 무엇인가?

　　(A) 테니스

　　(B) 축구

　　(C) 수영

　　(D) 비디오 게임

21. 그들은 내일 무엇을 할 것인가?

　　(A) 먹기

　　(B) 이야기하기

　　(C) 놀기

　　(D) 공부하기

풀이 Ben은 축구를 좋아한다고 했으므로 20번의 정답은 (B)이다.

　　　그들은 내일 학교가 끝나고 같이 놀기로 했다고 했으므로 21번의 정답은 (C)이다.

Words and Phrases start 시작하다 | play video games 비디오 게임을 하다

[22-23]

Girl: My uncle works in a store. He sells things. He works six days a week for eight hours a day. After he finishes work, we eat dinner together and watch TV for two hours.

22. What is her uncle's job?

    (A) cook

    (B) taxi driver

    (C) shopkeeper

    (D) office worker

23. How many hours does the uncle work a day?

    (A) two hours

    (B) six hours

    (C) eight hours

    (D) none of the above

해석 소녀: 나의 삼촌은 가게에서 일하신다. 그는 물건들을 판다. 그는 한 주에 6일 동안 하루에 8시간씩 일하신다. 그가 일을 마치신 후에, 우리는 같이 저녁을 먹고 두 시간 동안 TV를 본다.

22. 그녀의 삼촌 직업은 무엇인가?

    (A) 요리사

    (B) 택시 운전사

    (C) 가게 주인

    (D) 사무직 근로자

23. 삼촌은 하루에 몇 시간 일을 하시는가?

    (A) 두 시간

    (B) 여섯 시간

    (C) 여덟 시간

    (D) 답 없음

풀이 그녀의 삼촌은 가게에서 일하신다고 했으므로 삼촌의 직업은 가게 주인임을 추측할 수 있기 때문에 22번의 정답은 (C)이다.

    삼촌은 하루에 8시간씩 일을 하신다고 했으므로 23번의 정답은 (C)이다.

Words and Phrases finish 마치다 | dinner 저녁 | sell 팔다 | together 같이 | office worker 사무직 근로자

[24-25]

Boy: This weekend, I'm having a birthday party! I'm going to be twelve years old. My mother is going to make a birthday cake, sandwiches and pizza. My friends are going to bring me presents. I'm so excited!

24. How old is the boy going to be?

    (A) ten

    (B) eleven

    (C) twelve

    (D) thirteen

25. What is his mother NOT making for the party?

    (A) cake

    (B) pizza

    (C) sandwiches

    (D) hamburgers

해석 소년: 이번 주말에, 나는 생일파티를 한다! 나는 12살이 될 것이다. 나의 엄마는 생일 케이크, 샌드위치 그리고 피자를 만들어주실 것이다. 나의 친구들은 나에게 선물들을 가져올 것이다. 나는 매우 신난다.

24. 소년은 몇 살이 될 것인가?

    (A) 10살

    (B) 11살

    (C) 12살

    (D) 13살

25. 그의 엄마가 파티를 위해 만들지 않으실 것은 무엇인가?

    (A) 케이크

    (B) 피자

    (C) 샌드위치

    (D) 햄버거

풀이 소년은 12살이 될 것이라고 했으므로 24번의 정답은 (C)이다.

    소년의 엄마는 케이크, 샌드위치, 피자를 만든다고 했으므로 25번의 정답은 (D)이다.

Words and Phrases weekend 주말 | present 선물

Part D. Listen and Speak (p.21)

26. Boy: Where is my eraser?

    Girl: It's on my desk.

    Boy: Can I take it?

    Girl: _____

    (A) Yes, please.

    (B) No, it's mine.

    (C) Yes, you can.

    (D) No, it's black.

해석 소년: 나의 지우개가 어디 있지?

    소녀: 내 책상 위에 있어.

    소년: 내가 그것을 가져가도 될까?

    소녀: _____

    (A) 응, 그렇게 해줘.

    (B) 아니, 내 거야.

    (C) 응, 그래도 돼.

    (D) 아니, 그것은 검정색이야.

풀이 소년이 소녀의 책상 위에 있는 지우개를 가져가도 되냐고 물었으므로 된다고 대답하는 (C)가 정답이다.

Words and Phrases eraser 지우개

27. Boy: Excuse me.

    Girl : Yes. May I help you?

    Boy: How much is it?

    Girl: _____

(A) I don't buy it.

(B) It's 20 dollars.

(C) I can help you.

(D) You're welcome.

해석 소년: 실례합니다.

　　소녀: 네, 도와드릴까요?

　　소년: 그것은 얼마인가요?

　　소녀:＿＿＿＿＿＿＿

　　(A) 저는 그것을 사지 않습니다.

　　(B) 그것은 20달러입니다.

　　(C) 도와드릴 수 있습니다.

　　(D) 천만에요.

풀이 소년이 얼마인지에 대해 물었으므로 가격을 알려주는 대답 (B)가 정답이다.

Words and Phrases buy 사다

28. Boy: Where were you this morning?

　　Girl: I went shopping.

　　Boy: What did you buy?

　　Girl: ＿＿＿＿＿＿＿

　　(A) Yes, I did.

　　(B) It was busy.

　　(C) I bought a notebook.

　　(D) I read some notebooks.

해석 소년: 오늘 아침에 어디 있었어?

　　소녀: 쇼핑 갔다 왔어.

　　소년: 무엇을 샀어?

　　소녀: ＿＿＿＿＿＿＿

　　(A) 응, 그랬어.

　　(B) 그것은 바빴어.

　　(C) 나는 노트를 샀어.

　　(D) 나는 공책을 읽었어.

풀이 소년이 무엇을 샀는지 물어봤으므로 산 물건이 무엇인지 알려주는 (C)가 정답이다.

Words and Phrases shop 쇼핑하다 | notebook 공책

29. Girl: Where are you going?

　　Boy: I'm going to the swimming pool.

　　Girl: Why are you going there?

　　Boy: ＿＿＿＿＿＿＿

　　(A) I need a bath.

　　(B) I need to practice.

　　(C) I'm afraid of water.

　　(D) I have to wash my hair.

해석 소녀: 너는 어디 가는 중이야?

　　소년: 나는 수영장에 가는 중이야.

　　소녀: 왜 거기에 가고 있어?

　　소년: ＿＿＿＿＿＿＿

　　(A) 나는 목욕을 해야 해.

　　(B) 나는 연습을 해야 하거든.

　　(C) 나는 물을 무서워해.

　　(D) 나는 머리를 감아야해.

풀이 소년이 수영장에 가는 이유를 대답해야 하므로 수영장에 가는 이유인 (B)가 정답이다.

Words and Phrases swimming pool 수영장 | practice 연습하다

30. Boy: What are you wearing?

　　Girl: I'm wearing my favorite party clothes.

　　Boy: Are those shoes new?

　　Girl: ＿＿＿＿＿＿＿

　　(A) Yes, they do.

　　(B) Yes, they are.

　　(C) No, they are blue.

　　(D) No, they are my sisters.

해석 소년: 너는 무엇을 입는 중이야?

　　소녀: 나는 내가 가장 좋아하는 파티복을 입고 있어.

　　소년: 그 신발들 새 것이니?

　　소녀: ＿＿＿＿＿＿＿

　　(A) 응, 맞아.(do동사로 끝남)

　　(B) 응, 맞아.(be동사로 끝남)

　　(C) 아니, 그것들은 파란색이야.

　　(D) 아니, 그들은 나의 여동생들이야.

풀이 소년이 신발들이 새 것이냐고 물어봤으므로 '새것이다', '아니다'에 대한 대답을 해야 하는 상황으로 (B)가 정답이다. 여기서 질문이 'Are'로 시작했기 때문에 문법상 적절한 대답을 하기 위해서는 'are'로 대답이 끝나야 한다.

Words and Phrases favorite 가장 좋아하는

SECTION II READING AND WRITING

Part A. Sentence Completion (p.24)

1. A: How many oranges does he want?

　　B: He wants two ＿＿＿＿＿＿.

　　(A) orange

　　(B) oranges

　　(C) an orange

　　(D) some oranges

해석 A: 그는 몇 개의 오렌지를 원하는가?

　　B: 그는 두 개의 **오렌지들**을 원한다.

　　(A) 오렌지

　　(B) 오렌지들

　　(C) 오렌지 하나

　　(D) 오렌지 몇 개

풀이 두 개의 오렌지들이어야 하기 때문에 오렌지의 복수 형태인 (B)가 정답이다.

Words and Phrases orange 오렌지

2. A: What do you do on Mondays?

　　B: I ＿＿＿＿＿＿ baseball.

　　(A) play

　　(B) plays

　　(C) played

　　(D) playing

해석 A: 너는 월요일마다 무엇을 하니?

B: 나는 야구를 해.

(A) (게임을) 하다 (동사원형)

(B) (게임을) 하다 (3인칭 단수형)

(C) (게임을) 하다 (과거형)

(D) (게임을) 하다 (진행형)

풀이 주어 I는 1인칭 단수이기 때문에 동사가 원형이 와야 하므로 (A)가 정답이다.

Words and Phrases Monday 월요일 | baseball 야구

3. A: _____ books do you have?

B: There are five books on my desk.

(A) How are

(B) Where is

(C) When do

(D) How many

해석 A: 너는 책 **몇 권을** 가지고 있니?

B: 내 책상 위에 책 다섯 권이 있어.

(A) 어떤가

(B) 어디 있는가

(C) 언제 하는가

(D) 얼마나 많은

풀이 책 몇 권을 가지고 있냐고 물어보기 위해서는 '얼마나 많은'이라는 'How many'로 물어보는 것이 적절하므로 (D)가 정답이다.

Words and Phrases book 책 | desk 책상

4. A: How do you get to school?

B: I take the bus _____ sometimes I walk.

(A) so

(B) for

(C) and

(D) because

해석 A: 너는 학교에 어떻게 가니?

B: 나는 버스를 타고 가끔 걸어가.

(A) 그래서

(B) ~을 위해

(C) 그리고

(D) 왜냐하면

풀이 가는 두 가지 방법을 이야기 할 때 방법 두 가지를 이어주는 단어인 '그리고'가 들어가야 하므로 (C)가 정답이다.

Words and Phrases sometimes 가끔

5. A: Is Miss Jones a cook?

B: Yes, she _____.

(A) is

(B) does

(C) don't

(D) wasn't

해석 A: Jones 씨는 요리사이신가요?

B: 네, **맞아요.**

(A) 맞아요.

(B) (그녀는) 맞아요.

(C) (그녀는) 아니에요.

(D) (그녀는) 아니었어요.

풀이 'Is'로 질문 했기 때문에 문법상 맞는 대답을 하기 위해서는 'is'로 끝나야 하므로 (A)가 정답이다.

Words and Phrases cook 요리사

Part B. Situational Writing (p.25)

6. This weekend, I'm going to_____.

(A) clean my house

(B) talk on the phone

(C) study with my friend

(D) eat lunch with my friend

해석 이번 주말에, 나는 **나의 친구와 점심을 먹을 것이다.**

(A) 나의 집 청소하기

(B) 전화하기

(C) 나의 친구와 공부하기

(D) 나의 친구와 점심 먹기

풀이 그림에서 친구와 함께 음식을 먹고 있는 모습을 묘사하고 있으므로 (D)가 정답이다.

Words and Phrases talk on the phone 전화하다

7. Tom is _____.

(A) taller than Julie

(B) shorter than Julie

(C) the same height as Julie

(D) None of the above

해석 Tom은 **Julie보다 키가 크다.**

(A) Julie보다 키가 큰

(B) Julie보다 키가 작은

(C) Julie와 키가 같은

(D) 답 없음

풀이 그림에서 소년 Tom이 소녀 Julie보다 키가 큰 모습을 묘사하고 있으므로 (A)가 정답이다.

Words and Phrases than ~보다

8. The cat is _____ the box.

(A) in

(B) on

(C) by

(D) at

해석 고양이는 **상자 안에 있다.**

(A) ~안에

(B) ~위에

(C) ~옆에

(D) ~에

풀이 그림에서 고양이가 상자 안에 있는 모습을 묘사하고 있으므로 (A)가 정답이다.

Words and Phrases cat 고양이 | box 상자

9. We are _____.

    (A)reading our books

    (B) washing our hands

    (C) cleaning our rooms

    (D) doing our homework

해석 우리는 손을 씻는 중이다.

    (A) 책을 읽는 중이다.

    (B) 손을 씻는 중이다.

    (C) 방을 청소하는 중이다.

    (D) 숙제를 하는 중이다.

풀이 그림에서 사람들이 손을 씻고 있는 모습을 묘사하고 있으므로 (B)가 정답이다.

Words and Phrases read a book 책을 읽다 | wash hands 손을 닦다 | clean a room 방 청소하다 | do homework 숙제하다

10. She is _____ a kite.

    (A) taking

    (B) flying

    (C) making

    (D) painting

해석 그녀는 연을 만드는 중이다.

    (A) 가져가다

    (B) 날리다

    (C) 만들다

    (D) 색칠하다

풀이 그림에서 소녀가 연을 만들고 있는 모습을 묘사하고 있으므로 (C)가 정답이다.

Words and Phrases take 가지고 가다 | make 만들다 | paint 칠하다

Part C. Practical Reading and Retelling (p.27)

[11-12]

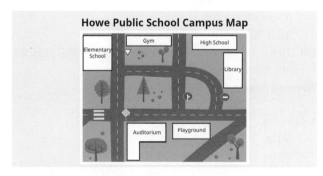

11. According to the map, the high school is _____.

    (A) near the library

    (B) behind the gym

    (C) next to the playground

    (D) between the elementary school and the auditorium

12. What is NOT in Howe Public School campus?

    (A) gym

    (B) library

    (C) auditorium

    (D) middle school

해석

Howe Public School 캠퍼스 지도

  -초등학교

  -체육관

  -고등학교

  -도서관

  -강당

  -놀이터

11. 지도에 따르면, 고등학교는 도서관 주변에 있다.

    (A) 도서관 주변에

    (B) 체육관 뒤에

    (C) 놀이터 옆에

    (D) 초등학교와 강당 사이에

12. Howe Public School 캠퍼스에 없는 것은?

    (A) 체육관

    (B) 도서관

    (C) 강당

    (D) 중학교

풀이 캠퍼스 지도에서 고등학교 주변에 도서관이 위치하고 있는 모습을 묘사하고 있으므로 11번의 정답은 (A)이다.

캠퍼스 지도에서 중학교는 위치하지 않고 있으므로 12번의 정답은 (D)이다.

Words and Phrases auditorium 강당 | gym 체육관 | behind ~뒤에 | between ~사이에

[13-14]

13. How long is the speech?

    (A) 1 day

    (B) 1 hour

    (C) 1 minute

    (D) 1 second

14. If you want to join, what do you have to do first?

(A) win a prize

(B) tell your teacher

(C) give a speech about friends

(D) write a letter to your parents

해석

영어 연설 대회

11월 22일 토요일에

이번 연도의 상은:

1등: 상금 5만원

2등: 상금 2만 5천원

3등: 학급상

당신은 이번 연도의 연설 대회에 참여하실 수 있습니다!

자신에 대한 일 분 연설을 가지고 참가하세요.

참여하고 싶으시다면, 금요일까지 당신의 선생님께 말씀드리세요.

13. 연설은 얼마나 오래 하는가?

(A) 1일

(B) 1시간

(C) 1분

(D) 1초

14. 당신이 참가하고 싶다면, 당신은 제일 먼저 무엇을 해야 하는가?

(A) 상 받기

(B) 선생님께 말씀드리기

(C) 친구에 대한 연설하기

(D) 부모님께 편지 쓰기

풀이 본문에서 'one minute speech'라고 했으므로 13번의 정답은 (C)이다.

본문 맨 아래에 "If you want to join, tell your teacher by Friday"라고 했으므로 14번의 정답은 (B)이다.

Words and Phrases speech 연설 | win a prize 상을 타다 | about ~에 대하여 | November 11월 | yourself 자신

[15-16]

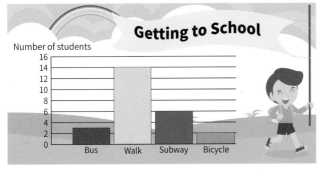

15. How many children take the subway to school?

(A) 2

(B) 4

(C) 6

(D) 8

16. How do most students get to school?

(A) bus

(B) walk

(C) train

(D) bicycle

해석

학교 가기

학생 수

버스, 도보, 지하철, 자전거

15. 얼마나 많은 아이들이 지하철을 타고 학교에 가는가?

(A) 2

(B) 4

(C) 6

(D) 8

16. 대부분의 학생들은 어떻게 학교에 가는가?

(A) 버스

(B) 도보

(C) 기차

(D) 자전거

풀이 표에서 지하철을 타고 가는 아이들이 6명이라고 나타내고 있으므로 15번의 정답은 (C)이다.

가장 많이 응답한 것은 도보로 16번의 정답은 (B)이다.

Words and Phrases subway 지하철 | walk 도보 | bicycle 자전거

[17-18]

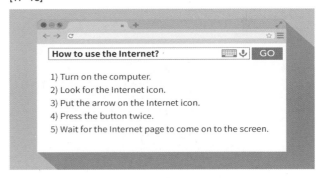

17. What do you need to look for?

(A) the arrow

(B) the screen

(C) the computer

(D) the Internet icon

18. What do you need to press twice?

(A) the arrow

(B) the button

(C) the screen

(D) the computer

> 인터넷 사용 방법
> 1) 컴퓨터를 켠다.
> 2) 인터넷 아이콘을 찾아본다.
> 3) 화살표를 인터넷 아이콘에 둔다.
> 4) 버튼을 두 번 누른다.
> 5) 화면에 인터넷 창이 뜰 때까지 기다린다.

17. 당신은 무엇을 찾아봐야 하는가?
(A) 화살표
(B) 화면
(C) 컴퓨터
(D) 인터넷 아이콘

18. 무엇을 두 번 클릭해야 하는가?
(A) 화살표
(B) 버튼
(C) 화면
(D) 컴퓨터

풀이 본문의 2번에서 인터넷 아이콘을 찾으라고 했으므로 17번의 정답은 (D)이다.

본문의 4번에서 버튼을 두 번 누르라고 했으므로 18번의 정답은 (B)이다.

Words and Phrases arrow 화살표 | button 버튼 | twice 두 번

[19-20]

> 국제 겨울 캠프
> 학생들은 이번 연도의 겨울 캠프에 참여할 수 있다.
> 10명의 학생들은 미국에 있는 LA 국제학교에서 12주 동안 공부할 것이다.
> 자기소개를 이메일로 써서 LAInternational@mail.com으로 11월 29일
> 금요일까지 보내주시기 바랍니다.
> 더 많은 정보는 10 2212 5678로 전화주세요.

19. Where can the students go for the camp?
(A) U.S.
(B) China
(C) Korea
(D) Canada

20. How many students can go on the camp?
(A) 8
(B) 10
(C) 12
(D) 14

해석

19. 학생들은 캠프를 어디로 갈 수 있는가?
(A) 미국
(B) 중국
(C) 한국
(D) 캐나다

20. 몇 명의 학생들이 캠프에 갈 수 있는가?
(A) 8
(B) 10
(C) 12
(D) 14

풀이 학생들은 미국에 있는 LA국제학교에서 공부하게 될 것이라고 했으므로 19번의 정답은 (A)이다.

10명의 학생들이 공부하게 될 것이라고 했으므로 20번의 정답은 (B)이다.

Words and Phrases international 국제적인 | information 정보

Part D. General Reading and Retelling (p.32)

[21-22]

Panda Bears are from China. They are black and white. They are friendly animals. They like to eat bamboo. They help each other to find food. They like to live in the mountains because they are quiet. Now, some of them live in the zoo. It helps panda bears live longer lives.

21. What do panda bears eat?
(A) grass
(B) wood
(C) insects
(D) bamboo

22. What is NOT true about panda bears?
(A) They are not friendly.
(B) They help each other.
(C) They like quiet places.
(D) They are black and white.

해석 판다 곰은 중국에서 왔다. 그들은 검정색과 흰색이다. 그들은 친근한 동물들이다. 그들은 대나무 먹기를 좋아한다. 그들은 서로 음식 찾는 일을 도와준다. 그들은 산에서 살기를 좋아하는데 왜냐하면 그곳은 조용하기 때문이다. 지금, 그들 중 몇몇은 동물원에서 산다. 그것은 판다 곰이 오래 살 수 있도록 도와준다.

21. 판다 곰들은 무엇을 먹는가?
  (A) 잔디
  (B) 나무
  (C) 곤충
  (D) 대나무

22. 판다 곰에 대한 사실이 아닌 것은?
  (A) 그들은 친근하지 않다.
  (B) 그들은 서로를 돕는다.
  (C) 그들은 조용한 곳을 좋아한다.
  (D) 그들은 검정색과 흰색이다.

풀이 본문의 4번째 문장에서 판다 곰들은 대나무 먹기를 좋아한다고 했으므로 21번의 정답은 (D)이다.

본문의 3번째 문장에서 판다 곰들은 친근한 동물들이라고 했으므로 22번의 정답은 (A)이다.

Words and Phrases friendly 친근한 | bamboo 대나무 | mountain 산 | quiet 조용한 | longer 더 오래 | wood 나무 | insect 벌레 | grass 잔디

[23-24]
Europe has four seasons. The seasons are winter, spring, summer and fall. Each season is about two to three months long. In winter, it snows in Scotland and England. In summer, Spain, France and Italy usually have the hottest weather.

23. How long are seasons in Europe?
  (A) one month long
  (B) one to two months long
  (C) two to three months long
  (D) four months long

24. Which country usually has the hottest summers in Europe?
  (A) Italy
  (B) Spain
  (C) France
  (D) all of the above

해석 유럽은 사계절이 있다. 사계절은 겨울, 봄, 여름 그리고 가을이다. 각각의 계절은 2달에서 3달 정도 지속된다. 겨울에는, 스코틀랜드와 잉글랜드에 눈이 내린다. 여름에는, 스페인, 프랑스 그리고 이탈리아가 보통 가장 날씨가 덥다.

23. 유럽의 계절들은 얼마나 지속되는가?
  (A) 1달 동안 지속됨
  (B) 1달에서 2달 동안 지속됨
  (C) 2달에서 3달 동안 지속됨
  (D) 4달 동안 지속됨

24. 유럽에서 여름에 주로 어떤 나라가 가장 더운가?
  (A) 이탈리아
  (B) 스페인
  (C) 프랑스
  (D) 모두

풀이 본문의 3번째 문장에서 각 계절들은 2달에서 3달정도 지속된다고 했으므로 23번의 정답은 (C)이다.

본문의 마지막 문장에서 스페인, 프랑스, 이탈리아가 주로 여름에 가장 덥다고 했으므로 24번의 정답은 (D)이다.

Words and Phrases season 계절 | weather 날씨 | usually 보통

[25-26]
London is the biggest city in England. There is a famous clock called Big Ben. London also has the River Thames that goes through the city. People can take boat trips on the river and take photos of famous buildings.

25. What is Big Ben?
  (A) a city
  (B) a boat
  (C) a river
  (D) a clock

26. What can you do on the River Thames?
  (A) take a picnic
  (B) take your coat
  (C) take a boat trip
  (D) take your ticket

해석 런던은 영국에서 가장 큰 도시이다. 빅 벤이라고 불리는 유명한 시계가 있다. 런던은 또한 도시를 뚫고 가는 템스 강이 있다. 사람들은 강에서 보트 여행을 할 수 있고 유명한 빌딩들의 사진을 찍을 수 있다.

25. 빅 벤은 무엇인가?
  (A) 도시
  (B) 보트
  (C) 강
  (D) 시계

26. 템스 강에서 무엇을 할 수 있는가?
  (A) 피크닉 하기
  (B) 코트 가져가기
  (C) 보트 여행하기
  (D) 표 가져가기

풀이 본문의 2번째 문장에서 빅 벤은 시계라고 했으므로 25번의 정답은 (D)이다.

본문의 마지막 문장에서 사람들은 강에서 보트 여행을 할 수 있다고 했으므로 26번의 정답은 (C)이다.

Words and Phrases famous 유명한 | through ~을 지나 | take a photo 사진을 찍다 | clock 시계 | picnic 소풍 | ticket 표

[27-28]

Today, I am going on a plane for the first time. I feel a little scared, but I am excited too. On the plane, I want to watch some new movies and play video games. I also like to eat when I watch movies.

27. What is he going to do on the plane?

    (A) eat some food

    (B) sleep on a bed

    (C) talk to the pilot

    (D) play with friends

28. How does he feel?

    (A) bored and scared

    (B) happy and excited

    (C) excited and sleepy

    (D) scared and excited

해석 오늘, 나는 처음으로 비행기를 탈 것이다. 나는 조금 무섭지만, 나는 즐겁기도 하다. 비행기에서, 나는 새로운 영화를 조금 보고 비디오 게임을 하고 싶다. 나는 또한 영화를 보면서 먹고 싶다.

27. 그는 비행기 안에서 무엇을 할 것인가?

    (A) 음식 먹기

    (B) 침대에서 자기

    (C) 조종사에게 이야기하기

    (D) 친구들과 놀기

28. 그는 어떻게 느끼는가?

    (A) 지루하고 무서운

    (B) 행복하고 즐거운

    (C) 즐겁고 졸린

    (D) 무섭고 즐거운

풀이 본문의 마지막 문장에서 영화를 보면서 먹고 싶다고 했으므로 27번의 정답은 (A)이다.

본문의 두 번째에서 그는 조금 무섭지만 즐겁기도 하다고 했으므로 28번의 정답은 (D)이다.

Words and Phrases scared 겁이 난 | pilot 비행기 조종사 |
        play video games 비디오 게임을 하다

[29-30]

In Taipei, there is a very high building. They call it Taipei 101. It is 508 meters high and has 91 floors. People can visit the building. They look at the city of Taipei on the 89th and 91st floors. Inside, there are restaurants and clothes shops. People can go shopping or eat some food there.

29. What is Taipei 101?

    (A) a city

    (B) a shop

    (C) a building

    (D) a restaurant

30. How many floors does Taipei 101 have?

    (A) 89

    (B) 91

    (C) 101

    (D) 508

해석 타이베이에는 엄청 높은 건물이 있다. 그들은 그것을 타이베이 101이라고 부른다. 그것은 508미터이고 91개의 층이 있다. 사람들은 그 건물에 방문할 수 있다. 그들은 89층과 91층에서 타이베이의 도시를 본다. 안에는, 식당과 옷 가게들이 있다. 사람들은 그곳에서 쇼핑을 하거나 음식을 먹을 수 있다.

29. 타이베이 101은 무엇인가?

    (A) 도시

    (B) 가게

    (C) 건물

    (D) 식당

30. 타이베이 101은 몇 개의 층이 있는가?

    (A) 89

    (B) 91

    (C) 101

    (D) 508

풀이 본문의 설명에 따르면 타이베이 101은 타이베이의 엄청 높은 건물이므로 29번의 정답은 (C)이다.

본문의 세 번째 문장에서 91개의 층이 있다고 했으므로 30번의 정답은 (B)이다.

Words and Phrases high 높은 | building 건물 | floor 층 | visit 방문하다 |
        restaurant 식당

TOSEL BASIC

실전 2회

SECTION I LISTENING AND SPEAKING

Part A. Listen and Recognize (p.39)

1. Boy: The bananas are in the basket.
정답 (A)
해석 소년: 바나나들이 바구니 안에 있다.
풀이 소년이 바구니 안에 바나나가 있다고 했으므로 바구니 안에 바나나가 있는 그림 (A)가 정답이다.
Words and Phrases basket 바구니

2. Girl: The house has two windows.
정답 (B)
해석 소녀: 집에 창문이 두 개가 있다.
풀이 소녀가 집에 창문이 두 개가 있다고 했으므로 집에 창문이 두 개 있는 그림 (B)가 정답이다.
Words and Phrases window 창문

3. Boy: The woman is washing the dishes.
정답 (A)
해석 소년: 여자가 설거지를 하고 있다.
풀이 여자가 설거지를 하고 있다고 했으므로 설거지를 하고 있는 그림 (A)가 정답이다.
Words and Phrases wash the dishes 설거지하다

4. Girl: The girl is jumping.
정답 (D)

해석 소녀: 소녀가 뛰고 있다.
풀이 소녀가 뛰고 있다고 했으므로 줄넘기를 하고 있는 그림 (D)가 정답이다.
Words and Phrases jump 뛰다

5. Boy: The new building is tall.
정답 (B)
해석 소년: 새로운 건물은 높다.
풀이 소년이 새로운 건물이 높다고 했으므로 새로운 높은 건물 그림 (B)가 정답이다.
Words and Phrases building 건물

Part B. Listen and Respond (p.41)

6. Girl: Is it your dog?
　　Boy: _____
　　　(A) It's cute.
　　　(B) No, I can't.
　　　(C) I don't need it.
　　　(D) Yes, it's mine.
해석 소녀: 그것은 너의 개니?
　　소년: _____
　　　(A) 그것은 귀엽다.
　　　(B) 아니, 나는 할 수 없어.
　　　(C) 나는 그것이 필요 없어.
　　　(D) 응, 그것은 나의 것이야.
풀이 소녀가 소년에게 그 개가 소년의 것인지 질문했으므로 나의 것이라고 대답한 (D)가 정답이다. 'Is it~'으로 질문했기 때문에 대답에도 'it is'가 들어간다.
Words and Phrases dog 개, 강아지

7. Boy: What color is your sofa?
　　Girl: _____
　　　(A) It's brown.
　　　(B) It's big.
　　　(C) It's new.
　　　(D) It's broken.
해석 소년: 너의 소파는 무슨 색이니?
　　소녀: _____
　　　(A) 그것은 갈색이야.
　　　(B) 그것은 커.
　　　(C) 그것은 새 것이야.
　　　(D) 그것은 고장났어.
풀이 소년이 무슨 색인지에 대해 물어봤으므로 색깔에 대해서 답한 (A)가 정답이다.
Words and Phrases brown 갈색 | broken 고장난

8. Girl: How did you come?
　　Boy: _____
　　　(A) I like to walk.
　　　(B) I rode my bicycle.
　　　(C) I will take a bus.
　　　(D) I'm flying my kite.

해석 소녀: 너 어떻게 왔어?

    소년: _____

    (A) 나는 걷기를 좋아해.

    (B) 나는 자전거를 탔어.

    (C) 나는 버스를 탈 거야.

    (D) 나는 연을 날리는 중이야.

풀이 소녀가 어떻게 왔는지에 대해 물어봤으므로 온 방법을 설명한 (B)가 정답이다.

Words and Phrases walk 걷다 | bicycle 자전거 | take a bus 버스를 타다 | fly a kite 연을 날리다

9. Boy: I can't help you.

    Girl: _____

    (A) Why not?

    (B) What time?

    (C) Where is it?

    (D) Who wants this?

해석 소년: 나는 너를 도와줄 수 없어.

    소녀: _____

    (A) 왜 안돼?

    (B) 몇 시에?

    (C) 어디에 있어?

    (D) 누가 이걸 원해?

풀이 소년이 도와줄 수 없다고 했으므로 소녀는 왜 안되는지 물어보는 (A)가 정답이다.

Words and Phrases help 도와주다

10. Girl: We mustn't be late.

    Boy: _____

    (A) Yes, I will.

    (B) Yes, you can.

    (C) Yes, let's try it.

    (D) Yes, let's hurry!

해석 소녀: 우리는 늦으면 안 돼.

    소년: _____

    (A) 응, 그럴게.

    (B) 응, 너는 할 수 있어.

    (C) 응, 시도해 보자

    (D) 응, 서두르자.

풀이 소녀가 늦으면 안된다고 했으므로 서두르자라는 대답을 한 (D)가 정답이다.

Words and Phrases hurry 서두르다

Part C. Listen and Retell (p.42)

11. Boy: Are we late for class?

    Girl: No, we still have time.

    Question: Where are they going?

정답 (A)

해석 소년: 우리 수업에 늦었어?

    소녀: 아니, 우리는 아직 시간이 있어.

    질문: 그들은 어디에 가는 중인가?

풀이 소년이 수업에 늦었는지 물어본 상황을 통해 그들이 교실에 가고 있음을 예측할 수 있으므로 (A)가 정답이다.

Words and Phrases still 아직

12. Girl: Look at the red rose.

    Boy: Wow, it's so pretty!

    Question: What are they looking at?

정답 (A)

해석 소녀: 저 빨간 장미를 봐.

    소년: 우와, 진짜 예쁘다!

    질문: 그들은 무엇을 보고 있는 중인가?

풀이 소녀가 장미를 보라고 했으므로 (A)가 정답이다.

Words and Phrases rose 장미

13. Boy: It's 6 o'clock. When will it start?

    Girl: The show will start in 30 minutes.

    Question: When will the show start?

정답 (A)

해석 소년: 지금 6시야. 그것은 언제 시작해?

    소녀: 30분 후에 그 쇼가 시작될 거야.

    질문: 언제 쇼가 시작될 것인가?

풀이 현재 시간이 6시이고 30분 후에 시작된다고 했으므로 6시 반인 (A)가 정답이다.

Words and Phrases show 쇼

14. Girl: Where is the teacher?

    Boy: I saw her talking to Tom.

    Question: Who is the girl looking for?

    (A) Tom

    (B) a student

    (C) her friend

    (D) the teacher

해석 소녀: 선생님 어디에 계셔?

    소년: 나는 그녀가 Tom이랑 이야기 하는 것을 봤어.

    질문: 소녀는 누구를 찾고 있는가?

    (A) Tom

    (B) 학생

    (C) 그녀의 친구

    (D) 선생님

풀이 소녀가 선생님이 어디에 계시냐고 물어봤으므로 그녀가 찾고 있는 것은 선생님인 (D)가 정답이다.

Words and Phrases look for 찾다

15. Boy: Do you want to go out to play?

    Girl: I can't. I don't feel well.

    Question: Why can the girl NOT go play?

    (A) She is sick.

    (B) It is raining.

    (C) She is working.

    (D) She is studying.

해석 소년: 너는 밖에 나가서 놀고 싶어?
   소녀: 아니, 나는 그럴 수 없어. 나는 몸이 좋지 않아.
   질문: 소녀는 왜 놀 수 없는가?
   (A) 그녀는 아프다.
   (B) 비가 온다.
   (C) 그녀는 일하는 중이다.
   (D) 그녀는 공부하는 중이다.
풀이 소년이 소녀에게 밖에 나가서 놀고 싶은지 물어봤는데 소녀가 아파서 안
   된다고 했으므로 (A)가 정답이다.
Words and Phrases well 건강한, 몸이 좋은

16. Girl: Where are your glasses?
   Boy: I left them in my room.
   Question: What happened to the boy's glasses?
   (A) He lost them.
   (B) He broke them.
   (C) He forgot to bring them.
   (D) He doesn't wear glasses.
해석 소녀: 너의 안경은 어딨어?
   소년: 나는 그것을 내 방에 두고 왔어.
   질문: 소년의 안경은 어떻게 되었는가?
   (A) 그는 그것을 잃어버렸다.
   (B) 그는 그것을 부러뜨렸다.
   (C) 그는 그것을 가져오는 것을 잊어버렸다.
   (D) 그는 안경을 쓰지 않는다.
풀이 소년은 자신의 안경을 방에 두고 왔다고 했으므로 (C)가 정답이다.
Words and Phrases glasses 안경 | room 방

17. Boy: Hurry! We'll be late for school.
   Girl: Don't worry. My father will drive us.
   Question: How will they go to school?
   (A) They will walk.
   (B) They will take a car.
   (C) They will take a bus.
   (D) They will ride their bicycles.
해석 소년: 서둘러! 우리는 학교에 늦을 거야.
   소녀: 걱정하지 마. 나의 아빠가 우리를 태워주실 거야.
   질문: 그들은 어떻게 학교에 갈 것인가?
   (A) 그들은 걸어갈 것이다.
   (B) 그들은 차를 탈 것이다.
   (C) 그들은 버스를 탈 것이다.
   (D) 그들은 자전거를 탈 것이다.
풀이 소녀가 자신의 아빠가 태워주신다고 했으므로 (B)가 정답이다.
Words and Phrases drive 태워다 주다

[18-19]
Girl: My friend, Amy, plays the violin. She started playing it five
years ago. She takes lessons every Wednesday and Saturday. I
think she plays very well.

18. When did Amy start playing the violin?
   (A) two days ago
   (B) five days ago
   (C) five months ago
   (D) five years ago

19. How often does Amy take lessons?
   (A) every day
   (B) once a week
   (C) twice a week
   (D) twice a month

해석 소녀: 나의 친구 Amy는 바이올린을 연주한다. 그녀는 그것을 5년 전에
   연주하기 시작했다. 그녀는 매주 수요일과 토요일마다 수업을 받는다. 나는
   그녀가 아주 잘 연주한다고 생각한다.

18. Amy가 처음으로 바이올린을 연주하기 시작한 것은 언제인가?
   (A) 2일 전
   (B) 5일 전
   (C) 5달 전
   (D) 5년 전

19. Amy는 얼마나 자주 수업을 듣는가?
   (A) 매일
   (B) 일주일에 한 번
   (C) 일주일에 두 번
   (D) 한달에 두 번

풀이 Amy는 5년 전에 시작했다고 했으므로 18번의 정답은 (D)이다.
   Amy는 매주 수요일, 토요일마다 수업을 받는다고 했으므로 19번의
   정답은 (C)이다.

Words and Phrases take a lesson 수업을 받다 | how often 얼마나 자주

[20-21]
Boy: My English teacher's name is John. I think he is funny. He
makes us laugh in class. He is young but he teaches us well. We
learn many things from him. My family says my English is much
better now.

20. Who is the boy talking about?
   (A) his father
   (B) his friend
   (C) his brother
   (D) his teacher

21. What is NOT true about John?
   (A) He is old.
   (B) He is funny.
   (C) He teaches well.
   (D) He's an English teacher.

해석 소년: 나의 영어 선생님의 성함은 John이다. 나는 그가 웃기다고 생각한다. 그는 우리를 수업시간에 웃게 만든다. 그는 젊지만 우리를 잘 가르치신다. 우리는 그로부터 많은 것들을 배운다. 우리 가족은 나의 영어가 지금 훨씬 더 좋다고 이야기한다.

20. 소년은 누구에 대해 이야기하고 있는가?
  (A) 그의 아빠
  (B) 그의 친구
  (C) 그의 형
  (D) 그의 선생님

21. John에 대해 사실이 아닌 것은?
  (A) 그는 늙으셨다.
  (B) 그는 웃기시다.
  (C) 그는 잘 가르치신다.
  (D) 그는 영어선생님이시다.

풀이 그는 전반적으로 자신의 선생님에 대해 설명하고 있으므로 20번의 정답은 (D)이다.

  John선생님은 젊다고 했으므로 21번의 정답은 (A)이다.

Words and Phrases young 젊은

[22-23]
Boy: Sally likes dogs. She has a small white dog and a big brown dog. The small one's name is Fluffy and the big one's name is Max. I always see her outside her house playing with Fluffy and Max.

22. How many dogs does Sally have?
  (A) She has no dogs.
  (B) She has one dog.
  (C) **She has two dogs.**
  (D) She has three dogs.

23. What kind of dog is Fluffy?
  (A) a big, white dog
  (B) a big, brown dog
  (C) **a small, white dog**
  (D) a small, brown dog

해석 소년: Sally는 개들을 좋아한다. 그녀는 작은 하얀색 개와 큰 갈색 개가 있다. 그 작은 개의 이름은 Fluffy이고 큰 개의 이름은 Max이다. 나는 항상 그녀가 그녀의 집 밖에서 Fluffy와 Max와 노는 것을 본다.

22. Sally는 몇 마리의 개를 가지고 있는가?
  (A) 그녀는 개가 없다.
  (B) 그녀는 개 한 마리를 가지고 있다.
  (C) 그녀는 개 두 마리를 가지고 있다.
  (D) 그녀는 개 세 마리를 가지고 있다.

23. Fluffy는 어떤 종류의 개인가?
  (A) 큰 흰색 개
  (B) 큰 갈색 개
  (C) 작은 흰색 개
  (D) 작은 갈색 개

풀이 Sally는 작은 개 한 마리와 큰 개 한 마리, 총 두 마리의 개가 있으므로 22번의 정답은 (C)이다.

  Fluffy는 작은 하얀색 개라고 했으므로 23번의 정답은 (C)이다.

Words and Phrases always 항상

[24-25]
Girl: Billy likes to collect stamps. He has over 300 stamps from all over the world. Some of Billy's stamps are very special. They are very hard to find. So they are expensive. One day, these stamps will be even more expensive. Billy plans to keep them for a long time.

24. What did you hear about Billy?
  (A) He is very hard to find.
  (B) He likes to plan his time.
  (C) **He likes to collect stamps.**
  (D) He likes to travel all over the world.

25. What is NOT true about Billy's stamp collection?
  (A) He has over 300 stamps.
  (B) **All the stamps are special.**
  (C) Some stamps are hard to find.
  (D) The stamps are from all over the world.

해석 소녀: Billy는 우표 모으기를 좋아한다. 그는 전 세계에서 온 300개 이상의 우표를 가지고 있다. Billy의 우표 몇 개는 매우 특별하다. 그것들은 찾기 매우 어려운 것들이다. 그래서 그것들은 비싸다. 언젠간, 이 우표들은 훨씬 더 비싸질 것이다. Billy는 그것들을 더 오랫동안 갖고 있기로 계획한다.

24. Billy에 대해 들은 것은 무엇인가?
  (A) 그는 찾기 매우 어렵다.
  (B) 그는 그의 시간을 계획하는 것을 좋아한다.
  (C) 그는 우표 모으기를 좋아한다.
  (D) 그는 전 세계를 여행하기 좋아한다.

25. Billy의 우표 수집품 중 사실이 아닌 것은?
  (A) 그는 300개 이상의 우표를 가지고 있다.
  (B) 모든 우표들이 특별하다.
  (C) 몇 개의 우표들은 찾기 어렵다.
  (D) 우표들은 전 세계에서 왔다.

풀이 Billy는 우표 모으기를 좋아한다고 했으므로, 24번의 정답은 (C)이다.

  Billy의 모든 우표가 특별한 것이 아니라 몇 개가 특별하다고 했으므로 25번의 정답은 (B)이다.

Words and Phrases collect 모으다 | stamp 우표 | all over the world 전 세계에 | expensive 비싼 | special 특별한

26. Boy: Watch out.

    Girl: What's the matter?

    Boy: The tea is very hot.

    Girl: _____

      (A)I like tea very much.

      (B) Okay, I'll be careful.

      (C) Thank you for the tea.

      (D) Okay, you can have some.

해석 소년: 조심해.

    소녀: 무슨 문제 있어?

    소년: 그 차는 매우 뜨거워.

    소녀: _____

      (A) 나는 차를 매우 좋아해.

      (B) 알았어, 조심할게.

      (C) 차 줘서 고마워.

      (D) 알았어, 너는 조금 먹어도 돼.

풀이 차가 매우 뜨거워 조심하라는 소년의 말에 소녀가 조심하겠다고 대답한
    (B)가 정답이다.

Words and Phrases watch out 조심하다 | matter 문제 | careful 조심하는

27. Boy: Why don't you eat your sandwich?

    Girl: I'm not very hungry.

    Boy: Do you mind if I have it?

    Girl: _____

      (A) Not at all.

      (B) Excuse me.

      (C) Same to you.

      (D) No, thank you.

해석 소년: 왜 너는 너의 샌드위치를 먹지 않니?

    소녀: 나는 배가 많이 고프지 않아.

    소년: 내가 그것을 먹는다면 네가 언짢을까? (내가 그것을 먹어도 되겠니?)

    소녀: _____

      (A) 전혀.

      (B) 실례할게.

      (C) 너도야.

      (D) 아니, 고마워.

풀이 소년이 소녀가 먹지 않는 샌드위치를 먹어도 되냐고 물어본 상황으로 소녀가
    개의치 않는다고 대답한 (A)가 정답이다.

Words and Phrases mind 허락을 구하거나 정중히 부탁할 때 씀; 언짢아하다,
                상관하다 | sandwich 샌드위치 | hungry 배고픈 |
                not at all 전혀, 천만에

28. Girl: I didn't see you yesterday.

    Boy: I had a cold.

    Girl: Do you feel better today?

    Boy: _____

      (A) Yes, I like winter.

      (B) Yes, I feel very sick.

      (C) Yes, today is warmer.

      (D) Yes, I'm much better now.

해석 소녀: 나는 어제 너를 못 봤어.

    소년: 나는 감기 걸렸어.

    소년: 오늘은 괜찮아?

    소년: _____

      (A) 응, 나는 겨울을 좋아해.

      (B) 응, 나는 매우 아파.

      (C) 응, 오늘은 더 따뜻해.

      (D) 응, 지금 훨씬 나아졌어.

풀이 소년이 감기에 걸려 소녀가 괜찮냐고 물어본 상황으로 자신의 상태에 대해
    대답한 (D)가 정답이다.

Words and Phrases yesterday 어제 | cold 감기 | warm 따뜻한

29. Boy: Did you see this movie?

    Girl: No, not yet.

    Boy: Let's watch it together.

    Girl: _____

      (A) I already saw it.

      (B) Sure, that sounds good.

      (C) Which one should we see?

      (D) Sure, I want to see it again.

해석 소년: 너 이 영화 봤어?

    소녀: 아니, 아직.

    소년: 우리 같이 그거 보자.

    소녀: _____

      (A) 나는 이미 봤어.

      (B) 응, 그거 좋겠다.

      (C) 우리는 어느 것을 봐야 하지?

      (D) 응, 나는 그거 또 보고 싶어.

풀이 소년이 같이 영화를 보자고 했으므로 소녀는 좋다고 대답한 (B)가 정답이다.

Words and Phrases movie 영화 | yet 아직 | watch 보다 | together 같이

30. Girl: What is that noise?

    Boy: There are children playing outside.

    Girl: What are they doing?

    Boy: _____

      (A) They're taking a nap.

      (B) They're having art class.

      (C) They're having PE class.

      (D) They're having math class.

해석 소녀: 저 소리 뭐야?

    소년: 밖에 아이들이 놀고 있어.

    소녀: 그들은 무엇을 하는 중이야?

    소년: _____

      (A) 그들은 낮잠을 자고 있어.

      (B) 그들은 미술 수업을 받고 있어.

      (C) 그들은 체육 수업을 받고 있어.

      (D) 그들은 수학 수업을 받고 있어.

풀이 아이들이 밖에서 놀고 있는 상황에 무엇을 하고 있는지 물어봤으므로 가장 적절하게 들어갈 수 있는 말 (C)가 정답이다.

Words and Phrases noise 소리 | nap 낮잠 | P.E.(Physical Education) 체육

SECTION II READING AND WRITING

Part A. Sentence Completion (p.49)

1. A: _____ time is it?
  B: It's five o'clock.
  (A) How
  (B) When
  (C) What
  (D) Which

해석 A: 몇 시야?
  B: 5시야.
  (A) 어떻게
  (B) 언제
  (C) 무엇
  (D) 어느 것

풀이 시간을 물어볼 때는 'What time~'으로 (C)가 정답이다.

Words and Phrases what 무엇; 몇

2. A: Did you finish your homework?
  B: No, _____.
  (A) I have
  (B) I won't
  (C) I didn't
  (D) may not

해석 A: 너는 너의 숙제를 다 끝냈어?
  B: 아니, 나는 안 했어.
  (A) 나는 ~를 가지고 있다
  (B) 나는 ~를 하지 않을 것이다
  (C) 나는 ~을 하지 않았다
  (D) 아마 ~하지 않을 것이다

풀이 Did로 물어봤기 때문에 대답할 때도 did로 끝나는 것이 문법적으로 맞으므로 (C)가 정답이다.

Words and Phrases finish 끝내다 | homework 숙제

3. A: _____ you help me?
  B: Of course.
  (A) Do
  (B) Can
  (C) May
  (D) Have

해석 A: 나 좀 도와줄래?
  B: 당연하지.
  (A) ~을 하다
  (B) ~을 할 수 있다
  (C) ~일지도 모른다
  (D) ~을 가지고 있다

풀이 도와줄 수 있냐고 물을때는 가능, 부탁 등을 나타내는 조동사 can이 와야 하므로 (B)가 정답이다.

Words and Phrases help 돕다

4. A: How does it taste?
  B: It _____ sour.
  (A) taste
  (B) tastes
  (C) tasting
  (D) be tasted

해석 A: 그것의 맛이 어때?
  B: 그것은 신 맛이 나.
  (A) 맛이 나다 (동사원형)
  (B) 맛이 나다 (3인칭 단수형)
  (C) 맛이 나는 것
  (D) 맛이 나게 되다

풀이 주어가 3인칭 단수인 it으로 동사에 3인칭 단수형이 와야 하므로 (B)가 정답이다.

Words and Phrases sour (맛이) 신

5. A: _____ you have enough food?
  B: Yes, I did.
  (A) Did
  (B) Are
  (C) Had
  (D) Were

해석 A: 너는 충분한 음식을 먹었니?
  B: 응, 먹었어.
  (A) ~을 하다(do의 과거형)
  (B) ~이다(be동사)
  (C) ~이 있다(have의 과거형)
  (D) ~이었다(was의 복수형)

풀이 대답이 did로 끝났으므로 did로 질문하는 (A)가 정답이다.

Words and Phrases enough 충분한

Part B. Situational Writing (p.50)

6. Two men are _____ .
  (A) making a TV
  (B) cleaning a TV
  (C) carrying a TV
  (D) watching a TV

해석 두 명의 남자가 TV를 옮기는 중이다.
  (A) TV를 만들다
  (B) TV를 청소하다
  (C) TV를 옮기다
  (D) TV를 보다

풀이 그림에서 두 명의 남자가 TV를 옮기는 모습을 묘사하고 있으므로 (C)가 정답이다.

Words and Phrases make 만들다 | clean 청소하다 |
      carry 옮기다, 운반하다 | watch 보다

7. The girl is _____ .

    (A) cooking some food

    (B) selling some dishes

    (C) cleaning the kitchen

    (D) doing her homework

해석 소녀가 음식을 요리하는 중이다.

    (A) 음식을 요리하다

    (B) 접시를 판매하다

    (C) 주방을 청소하다

    (D) 그녀의 숙제를 하다

풀이 그림에서 소녀가 요리하고 있는 모습을 묘사하고 있으므로 (A)가 정답이다.

Words and Phrases homework 숙제 | kitchen 주방

8. The plant is _____.

    (A) near the chair

    (B) by the window

    (C) next to the door

    (D) on top of the table

해석 화분은 창가에 있다.

    (A) 의자 가까이

    (B) 창가에

    (C) 문 옆에

    (D) 탁자 맨 위에

풀이 그림에서 화분이 창가에 놓여있는 모습을 묘사하고 있으므로 (B)가 정답이다.

Words and Phrases near 가까이에 | next to ~옆에 | on top of ~위에

9. The boy is _____.

    (A) in the bed

    (B) at the desk

    (C) in the pool

    (D) on the sofa

해석 소년은 소파 위에 있다.

    (A) 침대 안에서

    (B) 책상에서

    (C) 수영장 안에서

    (D) 소파 위에서

풀이 그림에서 소년이 소파 위에 있는 모습을 묘사하고 있으므로 (D)가 정답이다.

Words and Phrases desk 책상 | pool 수영장 | sofa 소파

10. The cat and dog are _____.

    (A) eating together

    (B) walking together

    (C) sleeping together

    (D) fighting each other

해석 고양이와 개는 같이 먹고 있다.

    (A) 함께 먹고 있다

    (B) 함께 걷고 있다

    (C) 함께 자고 있다

    (D) 서로 싸우고 있다

풀이 그림에서 고양이와 강아지가 같이 먹고 있는 모습을 묘사하고 있으므로 (A)가 정답이다.

Words and Phrases together 같이 | fight 싸우다 | sleep 잠을 자다

Part C. Practical Reading and Retelling (p.52)

[11-12]

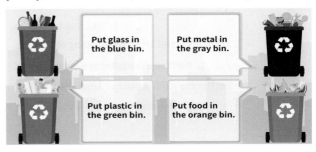

11. What is the green bin for?

    (A) food

    (B) glass

    (C) metal

    (D) plastic

12. Which bin can you use for an old banana?

    (A) the blue bin

    (B) the gray bin

    (C) the green bin

    (D) the orange bin

해석

> -유리는 파란색 쓰레기통에 넣어라
>
> -플라스틱은 초록색 쓰레기통에 넣어라
>
> -금속은 회색 쓰레기통에 넣어라
>
> -음식물은 주황색 쓰레기통에 넣어라

11. 초록색 쓰레기통은 무슨 용도인가?

    (A) 음식물

    (B) 유리

    (C) 금속

    (D) 플라스틱

12. 오래된 바나나는 어느 색 쓰레기통에 버려야 하는가?

    (A) 파란색 쓰레기통

    (B) 회색 쓰레기통

    (C) 초록색 쓰레기통

    (D) 주황색 쓰레기통

풀이 초록색 쓰레기통은 플라스틱을 버리라고 했으므로 11번의 정답은 (D)이다.

    오래된 바나나는 음식물에 포함되므로 12번의 정답은 (D)이다.

Words and Phrases bin 쓰레기통

[13-14]

Things You Can Do
To Save Water

1. Take quick showers.
2. Turn the water off while brushing your teeth.
3. Don't use the toilet as a waste basket.
4. Use the clothes washer only when it is full.
5. Water plants only when they need it.

13. What is the passage mainly about?

(A) saving water

(B) watering plants

(C) washing clothes

(D) brushing your teeth

14. What should you NOT do to save water?

(A) take quick showers

(B) throw waste in the toilet

(C) use the clothes washer when it's full

(D) turn the water off while brushing your teeth

[15-16]

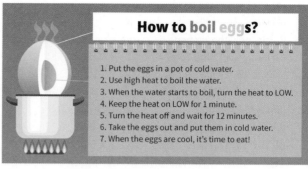

How to boil eggs?

1. Put the eggs in a pot of cold water.
2. Use high heat to boil the water.
3. When the water starts to boil, turn the heat to LOW.
4. Keep the heat on LOW for 1 minute.
5. Turn the heat off and wait for 12 minutes.
6. Take the eggs out and put them in cold water.
7. When the eggs are cool, it's time to eat!

15. When should you turn the heat to low?

(A) after 12 minutes

(B) when the water is cold

(C) after you take the eggs out

(D) when the water starts to boil

16. How long should you keep the heat on low?

(A) for 1 minute

(B) for 12 minutes

(C) until the water boils

(D) until the eggs are cool

해석

물을 아끼기 위해서 당신이 할 수 있는 것들
1. 샤워를 빠르게 하라.
2. 양치 할 동안에는 물을 잠가라.
3. 변기통을 쓰레기통처럼 사용하지 마라.
4. 세탁기에 옷이 가득 찼을 때만 사용해라.
5. 식물에게 필요시에만 물을 주어라.

13. 본문은 주로 무엇에 관한 이야기인가?
   (A) 물 아끼기
   (B) 식물에 물 주기
   (C) 옷 세탁하기
   (D) 양치하기

14. 물을 아끼기 위해서 하면 안 되는 것은 무엇인가?
   (A) 빠르게 샤워하기
   (B) 변기통에 쓰레기 버리기
   (C) 세탁기에 옷이 가득찼을 때 사용하기
   (D) 양치할 동안 물 잠그기

풀이 본문은 전반적으로 물을 아끼기 위해 할 수 있는 것들에 대한 설명으로 13번의 정답은 (A)이다.

물을 아끼기 위해 변기통에 쓰레기를 버리지 말라고 했으므로 14번의 정답은 (B)이다.

Words and Phrases save 아끼다 | waste basket 쓰레기통 | clothes washer 세탁기 | water a plant 식물에 물을 주다

해석

계란 삶는 방법
1. 계란을 찬 물이 담긴 냄비에 넣어라.
2. 물을 데우기 위해서 높은 온도를 사용하라.
3. 물이 끓기 시작할 때 온도를 낮춰라.
4. 1분 동안 낮은 온도를 유지하라.
5. 불을 끄고 12분 동안 기다려라.
6. 계란을 꺼내고 그것들을 차가운 물에 넣어라.
7. 계란이 식으면, 이제 먹을 차례이다!

15. 언제 온도를 낮춰야 하는가?
   (A) 12분 후에
   (B) 물이 차가워질 때
   (C) 계란을 꺼낸 후에
   (D) 물이 끓기 시작할 때

16. 얼마나 오랫동안 온도를 낮게 유지해야 하는가?
   (A) 1분 동안
   (B) 12분 동안
   (C) 물이 끓을 때까지
   (D) 계란이 식을 때까지

풀이 물이 끓기 시작할 때 온도를 낮추라고 했으므로 15번의 정답은 (D)이다.

1분 동안 온도를 낮게 유지하라고 했으므로 16번의 정답은 (A)이다.

Words and Phrases boil 끓다 | heat 데우다 | until ~까지

A Perfect Place and Weather to Fly a Kite

Flying a kite can be fun, but also difficult.
First, you should find a wide open space that is safe.
Make sure there are no trees, buildings, cars or electrical lines nearby. The weather is also important.
There should be some wind, but not very strong.
And it's better to fly a kite on a cloudy day.
The sun can hurt your eyes when you are watching your kite.

17. Which is the best place for flying a kite?

    (A) a wide street

    (B) a soccer field

    (C) a park with many trees

    (D) a playground near apartment buildings

18. Which is the best weather for flying a kite?

    (A) a rainy day with some wind

    (B) a sunny day with some wind

    (C) a cloudy day with some wind

    (D) a cloudy day with strong wind

해석

연을 날리기 위한 완벽한 장소와 날씨

연을 날리는 일은 재미있을 수 있지만, 어렵기도 하다. 우선, 당신은 안전한 넓은 공간을 찾아야 한다. 주변에 나무, 건물, 차나 전깃줄이 없도록 확실히 하라. 날씨 또한 중요하다. 바람이 조금 불어야 하는데, 아주 강한 바람은 안 된다. 그리고 구름 낀 날에 연을 날리는 것이 더 좋다. 당신이 연을 쳐다볼 때 태양이 당신의 눈을 다치게 할 수도 있다.

17. 연을 날리기 가장 좋은 장소는 어디인가?

    (A) 넓은 도로

    (B) 축구장

    (C) 나무가 많은 공원

    (D) 아파트 주변 놀이터

18. 연날리기에 가장 좋은 날씨는 어느 것인가?

    (A) 비가 오고 바람이 조금 부는 날

    (B) 화창하고 바람이 조금 부는 날

    (C) 구름 낀 바람이 조금 부는 날

    (D) 구름 낀 바람이 많이 부는 날

풀이 연을 날릴 때 넓은 공간이면서 주변에 나무, 건물, 차, 전깃줄이 없는 곳을 찾아야 하므로 17번의 정답은 (B)이다.

연을 날리기에 좋은 날씨는 구름이 끼고 바람이 조금 부는 날씨라고 했으므로 18번의 정답은 (C)이다.

Words and Phrases difficult 어려운 | wide 넓은 | safe 안전한 | electrical line 전깃줄 | important 중요한 | hurt 다치게 하다

How to Make POPCORN?

■ Take the bag out of its plastic wrapper.
■ Put the bag in the microwave.
■ Set the microwave to HIGH.
■ Heat for about four minutes.
■ Take the bag out of the microwave.
■ Be careful when you open the bag. It is hot!
■ **Pour the popcorn into a bowl and enjoy!**

19. How is the popcorn cooked?

    (A) It is fried in a bowl.

    (B) It is boiled in a bag.

    (C) It is heated in a microwave.

    (D) It is heated in a plastic wrapper.

20. What should you do before you heat the bag?

    (A) Wait for four minutes.

    (B) Open the bag carefully.

    (C) Set the microwave to high.

    (D) Pour the popcorn into a bowl.

해석

팝콘 만드는 방법

비닐 포장지에서 봉지를 꺼내라.
봉지를 전자레인지 안에 넣어라.
전자레인지를 '높음'으로 설정하라.
4분 동안 데워라.
전자레인지에서 봉지를 꺼내라.
봉지를 열 때 조심하라. 그것은 뜨겁다!
팝콘을 그릇에 붓고 즐겨라!

19. 팝콘은 어떻게 요리되는가?

    (A) 그릇 안에서 튀겨진다.

    (B) 봉투 안에서 끓여진다.

    (C) 전자레인지 안에서 데워진다.

    (D) 비닐 포장 안에서 데워진다.

20. 봉지를 데우기 전에 무엇을 해야 하는가?

    (A) 4분 동안 기다린다.

    (B) 봉지를 조심스럽게 연다.

    (C) 전자레인지를 '높음'으로 설정한다.

    (D) 그릇 안에 팝콘을 붓는다.

풀이 전자레인지로 팝콘 만드는 방법을 제시하고 있으므로 19번의 정답은 (C)이다.

봉지를 데우기 전에 전자레인지에서 '높음'을 설정해야 하는 20번의 정답은 (C)이다.

Words and Phrases plastic wrapper 비닐 포장지 | microwave 전자레인지 | bowl 그릇 | fried 기름에 튀긴

[21-22]

Yesterday, our class had a race during PE class. The girls had a race first. Then the boys went second. There were twelve boys racing against each other. I finished in first place. I'm happy that I'm the fastest boy in class!

21. Who did the boy race with?

(A) his entire gym class

(B) the girls in his class

(C) the boys in his class

(D) all the boys and girls

22. How fast was the boy?

(A) He finished first.

(B) He finished second.

(C) He finished third.

(D) He finished twelfth.

해석 어제, 체육시간 동안 우리 반은 달리기 시합을 했다. 소녀들이 먼저 시합을 했다. 그리고 소년들이 두 번째로 했다. 서로를 상대로 12명의 소년들이 시합을 했다. 내가 1등으로 끝냈다. 나는 내가 학급에서 가장 빠른 소년인 것에 행복하다.

21. 소년은 누구와 달리기 시합을 했는가?

(A) 그의 체육 학급 전체와

(B) 그의 학급의 소녀들과

(C) 그의 학급의 소년들과

(D) 모든 소년들과 소녀들

22. 소년은 얼마나 빨랐는가?

(A) 그가 1등을 했다.

(B) 그가 2등을 했다.

(C) 그가 3등을 했다.

(D) 그가 4등을 했다.

풀이 본문의 4번째 문장에서 그는 소년들과 시합했다고 했으므로 21번의 정답은 (C)이다.

본문의 마지막 문장과 그 앞에 문장에서 그가 1등했다고 했으므로 22번의 정답은 (A)이다.

Words and Phrases race 달리기 | PE(Physical Education) 체육

[23-24]

Emily has a pen pal. She lives in the United States. Her name is Jenny and she's in the fourth grade. Emily and Jenny use the Internet to chat. They chat about school, friends, and their favorite things. Emily hopes to visit Jenny one day. Or Jenny can come to Korea to visit her.

23. How do Emily and Jenny talk to each other?

(A) They write letters.

(B) They use the phone.

(C) They visit each other.

(D) They use the Internet.

24. What is NOT true about Jenny?

(A) She is in Korea.

(B) She is Emily's pen pal.

(C) She is in the fourth grade.

(D) She lives in the United States.

풀이 Emily에게는 펜팔이 있다. 그녀는 미국에 산다. 그녀의 이름은 Jenny이고 그녀는 4학년이다. Emily와 Jenny는 대화를 하기 위해 인터넷을 사용한다. 그들은 학교, 친구들, 그리고 그들이 좋아하는 것들에 대하여 대화한다. Emily는 언젠간 Jenny를 만나러 가기를 희망한다. 아니면 Jenny가 그녀를 보러 한국에 올 수 있다.

23. Emily와 Jenny는 서로 어떻게 대화하는가?

(A) 그들은 편지를 쓴다.

(B) 그들은 전화기를 사용한다.

(C) 그들은 서로 만나러 간다.

(D) 그들은 인터넷을 사용한다.

24. Jenny에 대한 사실이 아닌 것은?

(A) 그녀는 한국에 있다.

(B) 그녀는 Emily의 펜팔이다.

(C) 그녀는 4학년이다.

(D) 그녀는 미국에 산다.

풀이 본문의 4번째 문장에서 그들은 대화를 하기 위해 인터넷을 사용한다고 했으므로 23번의 정답은 (D)이다.

본문의 두 번째 문장에서 Jenny는 미국에 산다고 했으므로 24번의 정답은 (A)이다.

Words and Phrases pen pal 펜팔, 편지 친구 | chat 대화하다 | about ~에 대해서 | favorite 가장 좋아하는 | hope 바라다

[25-26]

Marc has a special gift for music. He started playing the piano when he was three years old. He learned quickly and won piano contests when he was five. Today, he plays at big concerts with famous musicians. He was even on TV! Marc is only ten years old now.

25. What is special about Marc?

(A) He likes gifts.

(B) He is a TV actor.

(C) He has famous friends.

(D) He plays the piano well.

26. What is NOT true about Marc?

    (A) He was on TV.

    (B) He is five years old.

    (C) He has a gift for music.

    (D) He plays at big concerts.

해석 Marc는 음악에 특별한 재능이 있다. 그는 그가 세 살 때 피아노를 치기 시작했다. 그는 빠르게 배웠고 그가 5살 때 피아노 대회에서 상을 탔다. 오늘, 그는 유명한 음악가들과 함께 대규모의 공연을 한다. 그는 심지어 TV에 나왔다! 지금 Marc는 고작 10살이다.

25. Marc에 대한 특별한 것은 무엇인가?

    (A) 그는 선물을 좋아한다.

    (B) 그는 TV 배우이다.

    (C) 그는 유명한 친구들이 있다.

    (D) 그는 피아노를 아주 잘 연주한다.

26. Marc에 대해 사실이 아닌 것은 무엇인가?

    (A) 그는 TV에 나왔었다.

    (B) 그는 5살이다.

    (C) 그는 음악에 재능이 있다.

    (D) 그는 대규모의 공연에서 연주를 한다.

풀이 본문의 전반적인 내용은 Marc가 피아노를 잘 치는 재능이 있다는 것이므로 25번의 정답은 (D)이다.

    본문의 마지막 문장에서 Marc는 10살이라고 했으므로 26번의 정답은 (B)이다.

Words and Phrases special 특별한 | gift 재능 | quickly 빨리 | famous 유명한 | musician 음악가

[27-28]

There are two kinds of fish, freshwater fish and saltwater fish. Goldfish live in fresh water. Angelfish live in salt water. Many people like freshwater fish for pets. They are easier to take care of. They also cost less money than saltwater fish.

27. What is this about?

    (A) salt

    (B) fish

    (C) water

    (D) money

28. What is NOT true about goldfish?

    (A) They can be pets.

    (B) They live in salt water.

    (C) They are freshwater fish.

    (D) They cost less than angelfish.

해석 물고기는 두 종류가 있는데, 민물 물고기와 바닷물고기이다. 금붕어는 민물에 산다. 전자리 상어는 바닷물에서 산다. 많은 사람들은 민물 물고기를 반려동물로 좋아한다. 그들은 돌보기가 더 쉽다. 그들은 또한 바닷물고기에 비해 돈도 적게 든다.

27. 이것은 무엇에 관한 것인가?

    (A) 소금

    (B) 물고기

    (C) 물

    (D) 돈

28. 금붕어에 대한 사실이 아닌 것은 무엇인가?

    (A) 그들은 반려동물이 될 수 있다.

    (B) 그들은 바닷물에서 산다.

    (C) 그들은 민물 물고기이다.

    (D) 그들은 전자리 상어보다 가격이 덜 든다.

풀이 본문의 전반적 내용은 물고기에 관한 것이므로 27번의 정답은 (B)이다.

    본문의 두 번째 문장에서 금붕어는 민물에 산다고 했으므로 28번의 정답은 (B)이다.

Words and Phrases freshwater fish 민물 물고기 | saltwater fish 바닷물고기 | goldfish 금붕어 | fresh water 민물 | angelfish 전자리 상어 | take care of 돌보다 | less 더 적게, 덜하게

[29-30]

King Midas was a greedy king. He wanted everything he touched to turn to gold. But he was sorry when his wish came true. He could not eat because his food and water also turned to gold. If we are greedy, we can lose more than we get.

29. What did King Midas wish for?

    (A) He wished for gold.

    (B) He wished for food.

    (C) He wished for water.

    (D) He wished to be a king.

30. What is the lesson of the story?

    (A) All kings are greedy.

    (B) We should not be greedy.

    (C) We should not touch gold.

    (D) Food is more important than water.

해석 Midas 왕은 욕심 많은 왕이었다. 그는 그가 만지는 모든 것이 금이 되기를 바랐다. 그러나 그는 그의 소원이 이루어졌을 때 후회했다. 그는 그의 음식과 물 또한 금으로 바뀌었기 때문에 먹을 수 없었다. 우리가 욕심이 많으면, 우리가 갖는 것보다 더 많이 잃을 수 있다.

29. Midas 왕은 무엇을 바랐는가?

    (A) 그는 금을 바랐다.

    (B) 그는 음식을 바랐다.

    (C) 그는 물을 바랐다.

    (D) 그는 왕이 되기를 바랐다.

30. 이 이야기의 교훈은 무엇인가?
    (A) 모든 왕들은 욕심이 많다.
    (B) 우리는 욕심이 많으면 안 된다.
    (C) 우리는 금을 만지면 안 된다.
    (D) 음식이 물보다 더 중요하다.

풀이 본문의 두 번째 문장에서 그는 만지는 모든 것이 금이 되기를 바랐으므로 29번의 정답은 (A)이다.

    본문의 마지막 문장에서 욕심이 많으면 우리가 갖는 것보다 더 많이 잃을 수 있다고 했으므로 30번의 정답은 (B)이다.

Words and Phrases greedy 욕심 많은 | touch 만지다 | come true 이루어지다 | lesson 교훈 | important 중요한 | sorry 후회하는

실전 3회

Section I Listening and Speaking

1 (A) 2 (B) 3 (C) 4 (C) 5 (A)
6 (C) 7 (D) 8 (D) 9 (B) 10 (B)
11 (D) 12 (A) 13 (D) 14 (B) 15 (B)
16 (B) 17 (C) 18 (D) 19 (D) 20 (C)
21 (B) 22 (D) 23 (B) 24 (D) 25 (B)
26 (D) 27 (D) 28 (D) 29 (A) 30 (A)

Section II Reading and Writing

1 (D) 2 (B) 3 (B) 4 (D) 5 (D)
6 (C) 7 (B) 8 (B) 9 (B) 10 (C)
11 (C) 12 (A) 13 (D) 14 (A) 15 (A)
16 (C) 17 (D) 18 (D) 19 (A) 20 (A)
21 (C) 22 (C) 23 (D) 24 (A) 25 (C)
26 (A) 27 (D) 28 (C) 29 (C) 30 (C)

SECTION I   LISTENING AND SPEAKING

Part A. Listen and Recognize (p.64)

1. Girl: The boy is dancing.
정답 (A)
해석 소녀: 남자 아이가 춤추고 있다.
풀이 남자 아이가 춤추고 있다고 했으므로 춤추고 있는 그림 (A)가 정답이다.
Words and Phrases dance 춤추다

2. Boy: The bicycle is broken.
정답 (B)
해석 소년: 자전거가 부서졌다.
풀이 자전거가 부서졌다고 했으므로 자전거가 부서진 그림 (B)가 정답이다.
Words and Phrases break 부러뜨리다, 깨다, 깨지다 (break-broke-broken)

3. Girl: The children water flowers.
정답 (C)
해석 소녀: 아이들은 꽃에 물을 주고 있다.
풀이 아이들이 꽃에 물을 주고 있다고 했으므로 소년과 소녀가 꽃에 물을 주고 있는 그림 (C)가 정답이다.
Words and Phrases water (화초 등에) 물을 주다; 물

4. Boy: The old man wears a hat.
정답 (C)
해석 소년: 노인은 모자를 쓰고 있다.
풀이 노인은 모자를 쓰고 있다고 했으므로 모자를 쓴 할아버지가 있는 그림 (C)가 정답이다.

Words and Phrases wear 입다

5. Girl: The car waits for the train.
정답 (A)
해석 소녀: 자동차는 기차를 기다린다.
풀이 자동차 한 대가 (길을 통과하려고) 기차를 기다린다고 했으므로 철도 건널목에 자동차가 서 있는 그림 (A)가 정답이다.
Words and Phrases wait 기다리다

Part B. Listen and Respond (p.66)

6. Girl: Can I ride your bicycle?
　　Boy: _____
　　　(A) Yes, I can.
　　　(B) Yes, you are.
　　　(C) Sure, you can.
　　　(D) Sure, it's mine.
해석 소녀: 내가 너의 자전거를 타도 되겠니?
　　소년: _____
　　(A) 응, 나는 할 수 있어.
　　(B) 응, 너 맞아.
　　(C) 물론, 너는 타도 돼.
　　(D) 물론, 그것은 내 거야.
풀이 소녀가 소년에게 소년의 자전거를 타도 되겠냐고 물어봤으므로 '타도 된다'라는 허락의 대답인 (C)가 정답이다.
Words and Phrases bicycle 자전거 | sure 그럼(그래); 확실히

7. Girl: Why did you laugh?
　　Boy: _____
　　　(A) It is sad.
　　　(B) It is easy.
　　　(C) It is scary.
　　　(D) It is funny.
해석 소녀: 너 왜 웃었어?
　　소년: _____
　　(A) 그것은 슬퍼.
　　(B) 그것은 쉬워.
　　(C) 그것은 무서워.
　　(D) 그것은 웃겨.
풀이 소녀가 왜 웃었는지 물었으므로 소년의 웃음의 대답과 가장 잘 맞는 '웃긴 상황'인 (D)가 정답이다.
Words and Phrases laugh 웃다

8. Boy: Where is your school bag?
　　Girl: _____
　　　(A) I like it.
　　　(B) It is blue.
　　　(C) I'm not going.
　　　(D) It's in the classroom.
해석 소년: 네 학교 가방 어디에 있어?
　　소녀: _____

　　(A) 나는 그게 좋아.
　　(B) 그것은 파란색이야.
　　(C) 나는 안 갈 거야.
　　(D) 그것은 교실에 있어.
풀이 소년이 소녀의 학교 가방이 어디에 있는 지 물었으므로, 교실이라는 장소로 대답한 (D)가 정답이다.
Words and Phrases Where is…? 어디에 …? | like 좋아하다; ~와 비슷한

9. Boy: You sing very well.
　　Girl: _____
　　　(A) I'm sorry.
　　　(B) Thank you.
　　　(C) Excuse me.
　　　(D) I don't mind.
해석 소년: 너 노래 정말 잘한다.
　　소녀: _____
　　(A) 미안해.
　　(B) 고마워.
　　(C) 실례할게.
　　(D) 상관없어.
풀이 소년이 소녀에게 노래를 잘한다고 칭찬했으므로 칭찬에 대한 감사의 대답인 (B)가 정답이다.
Words and Phrases well 잘; 완전히; 건강한

10. Girl: It's warm and sunny outside.
　　Boy: _____
　　　(A) Let's go eat!
　　　(B) Let's go play!
　　　(C) Let's go to sleep.
　　　(D) Let's go home!
해석 소녀: 밖에 날씨가 따뜻하고 햇볕이 쨍쨍하네요.
　　소년: _____
　　(A) 먹으러 가자!
　　(B) 놀러 가자!
　　(C) 잠 자러 가자.
　　(D) 집에 가자!
풀이 소녀가 밖의 날씨가 따뜻하고 햇볕이 쨍쨍하다고 말했고 놀러 가자는 대답이 적절하므로 (B)가 정답이다.
Words and Phrases outside (건물 등의) 밖(바깥) | Let's… …(을)를 하자

Part C. Listen and Retell (p.67)

11. Boy: I think we're lost.
　　Girl: Let's ask the police officer.
　　Question: Who will they ask for help?
정답 (D)
해석 소년: 내 생각엔 우리가 길을 잃었어.
　　소녀: 경찰관에게 물어보러 가자.
　　질문: 그들은 누구에게 도움을 요청할 것인가?
풀이 소년이 길을 잃었다고 말을 하였고 소녀가 길을 잃었으니 지금 어디인지 경찰관에게 물어보러 가자고 대답하였으므로 (D)가 정답이다.

12. Girl: I don't like ice in my drink.

Boy: Okay, let's change it.

Question: What are they talking about?

정답 (A)

해석 소녀: 나는 내 음료수에 있는 얼음이 맘에 들지 않아.

소년: 알겠어, 그걸 바꾸러 가자.

질문: 그들은 무엇에 대해 이야기하는가?

풀이 소녀는 자신의 음료수에 있는 얼음이 마음에 들지 않다고 했고 소년이
얼음이 든 물컵을 바꾸자고 했으므로 (A)가 정답이다.

Words and Phrases talk about… …에 대해 이야기하다 | Let's… …(을)를
하자 | drink 음료수; 술; (음료를) 마시다

13. Boy: It's only 8 o'clock.

Girl: I have to get to sleep in two hours.

Question: When will the girl sleep?

정답 (D)

해석 소녀: 8시 밖에 안 됐어.

소년: 나는 두 시간 안에 잠자러 가야 해.

질문: 소녀는 언제 잠자러 갈 것인가?

풀이 소년이 현재 시각이 8시라는 것을 말하였고, 소녀는 앞으로 '두 시간'
내에 잠을 자러 가야 한다고 대답하였으므로 (D)가 정답이다.

Words and Phrases have to ('의무'를 나타내어) …해야 한다; ('충고·권고'
를 나타내어) …해야 한다; ('확신'을 나타내어) 틀림없이
…일[할] 것이다 | o'clock ~시(1에서 12까지의 숫자 뒤에
써서 정확한 시간을 나타냄)

14. Girl: What is that smell?

Boy: It's from the pigs over there.

Question: Where are the boy and girl?

정답 (B)

해석 소녀: 저 냄새 뭐지?

소년: 저기에 있는 돼지로부터 오는 냄새야.

질문: 소년과 소녀는 어디에 있는가?

풀이 소녀가 저기에서 냄새가 나는 것이 무엇인지 물어봤고, 소년은 돼지로부터
오는 냄새라고 대답한 것으로 보아 돼지가 사는 '농장'인 (B)가 정답이다.

Words and Phrases smell (특정한) 냄새[향]가 나다; 냄새 |
over there (저쪽)저기에서

15. Boy: Didn't you hear me?

Girl: Sorry, I was using my phone.

Question: Why DIDN'T the girl hear the boy?

정답 (B)

해석 소년: 너 내 얘기 못 들었어?

소녀: 미안, 나 휴대폰 사용하고 있었어.

질문: 왜 소녀는 소년의 얘기를 듣지 않았는가?

풀이 소녀는 휴대폰을 사용하고 있어서 소년의 얘기를 듣지 못했으므로 (B)가
정답이다.

Words and Phrases hear 듣다 | use 사용하다; (특정한 양의 액체물질 등을)
소비하다; 사용

16. Girl: Where did the teacher go?

Boy: She went to get her book.

Question: What happened to their teacher?

정답 (B)

해석 소녀: 선생님이 어디로 갔지?

소년: (선생님)그녀는 책 가지러 갔어.

질문: 선생님에게 무슨 일이 생긴 것인가?

풀이 선생님이 어디로 갔는지 물은 소녀의 질문에 선생님은 책을 가지러 갔다고
대답한 것으로 보아 선생님은 '책을 두고 와서' '찾으러 갔다'는 것을 유추할
수 있으므로 (B)가 정답이다.

Words and Phrases happen to… …에게 일어나다

17. Boy: Let's go to the library.

Girl: Okay, I'll take my bike.

Question: How will the girl go to the library?

정답 (C)

해석 소년: 도서관에 가자.

소녀: 그래, 나 자전거 가져갈게.

질문: 소녀는 도서관에 어떻게 갈 것인가?

풀이 도서관에 가자는 소년의 제안에 자전거를 타고 도서관에 갈 것이라고 응답
했으므로 (C)가 정답이다.

Words and Phrases Let's… …(을)를 하자 | library 도서관; 서재 |
take 가지고 가다

[18-19]

Girl: My favorite food is chocolate. I drink chocolate milk every
morning. I take chocolate candies with me to school. Then I eat
a piece after every class. Chocolate makes me happy.

18. What does the girl drink every morning?

(A) plain milk

(B) orange juice

(C) hot chocolate

(D) chocolate milk

19. What does she do after every class?

(A) She drinks chocolate milk.

(B) She buys chocolate candies.

(C) She gives chocolate to her friends.

(D) She eats a piece of chocolate candy.

해석 소녀: 내가 매우 좋아하는 음식은 초콜릿이다. 나는 초코 우유를 매일 아침
먹는다. 나는 초코 사탕을 학교갈 때 가지고 간다. 그리고선 나는 수업시간이
끝날 때 마다 한 조각씩 먹는다. 초콜릿은 나를 행복하게 만든다.

18. 매일 아침 소녀가 마시는 것은 무엇인가?

(A) 일반 우유

(B) 오렌지 주스

(C) 핫초코(코코아)

(D) 초코 우유

19. 수업 시간이 끝날 때마다 그녀는 무엇을 하는가?

    (A) 그녀는 초코 우유를 마신다.

    (B) 그녀는 초코 사탕들을 산다.

    (C) 그녀는 그녀의 친구들에게 초콜릿을 준다.

    (D) 그녀는 초콜릿 사탕 조각을 먹는다.

풀이 소녀는 매일 아침 초코우유를 먹는다고 했으므로 18번의 정답은 (D)이다.

소녀는 초코 사탕을 학교에 가지고 가서 수업시간이 끝날 때 마다 한 조각씩 먹는다고 했으므로 19번은 정답은 (D)이다.

Words and Phrases favorite 매우 좋아하는 | every ~마다; 모든 | make ...하게 하다; 만들다 | piece (자르거나 나눠 놓은 것의) 한 부분 조각 | drink 음료수; 술; (음료를) 마시다

[20-21]

Boy: Polar bears live near the North Pole. They have a white, thick coat. The coat keeps the bears warm and dry. It also helps the bears hide on ice and snow. It is easy for them to catch their favorite food. Polar bears like meat, especially seals.

20. What is true about a polar bear's coat?

    (A) It is soft.

    (B) It is long.

    (C) It is white and thick.

    (D) It is easy to see on snow.

21. What do polar bears like to eat?

    (A) fish

    (B) seals

    (C) flowers

    (D) penguins

해석 소년: 북극곰들은 북극 근처에 산다. 그들은 하얗고, 두꺼운 가죽을 가지고 있다. 가죽은 곰들을 따뜻하고 건조하도록 유지한다. 또한 그것은 곰들이 얼음과 눈 위에 숨어 있도록 돕는다. 북극곰들이 가장 좋아하는 음식을 스스로 잡는 것은 쉽다. 북극곰들은 고기를 좋아한다, 특히 물개를 좋아한다.

20. 북극곰의 가죽에 대해서 사실인 것은 무엇인가?

    (A) 그것은 부드럽다.

    (B) 그것은 길다.

    (C) 그것은 하얗고 두껍다.

    (D) 그것은 눈 위에서 보기 쉽다.

21. 북극곰들은 무엇을 먹는 것을 좋아하는가?

    (A) 물고기

    (B) 물개

    (C) 꽃

    (D) 펭귄

풀이 북금곰들은 하얗고 두꺼운 가죽을 가지고 있다고 했으므로 20번의 정답은 (C)이다.

북극곰들은 고기를 먹는 것을 좋아하는데 특히 물개를 좋아하므로 21번의 정답은 (B)이다.

Words and Phrases polar bear 북극곰 | North Pole 북극 | keep (특정한 상태나 위치를) 유지하게 하다 | especially 특히 | seal 물개

[22-23]

Boy: Lucy loves to read. She has a small library in her bedroom. She has all kinds of books. She has many picture books and cartoons. But her favorite books are English story books. Lucy likes to go to the park and read.

22. What are Lucy's favorite books?

    (A) picture books

    (B) English cartoons

    (C) school textbooks

    (D) English story books

23. Where does Lucy like to read?

    (A) at school

    (B) at the park

    (C) in the library

    (D) in her bedroom

해석 소년: Lucy는 읽는 것을 좋아한다. 그녀는 그녀의 침대방 안에 작은 서재가 있다. 그녀는 많은 종류의 책들을 가지고 있다. 그녀는 많은 그림 책과 만화 책들을 가지고 있다. 그러나 그녀가 가장 좋아하는 책들은 영어 소설 책들이다. Lucy는 공원에 가서 책을 읽는 것을 좋아한다.

22. Lucy의 가장 좋아하는 책은 무엇인가?

    (A) 그림책

    (B) 영어 만화책

    (C) 학교 교과서

    (D) 영어 소설 책

23. Lucy는 어디에서 책을 읽는 것을 좋아하는가?

    (A) 학교에서

    (B) 공원에서

    (C) 도서관(서재)에서

    (D) 그녀의 방에서

풀이 Lucy는 영어소설책을 가장 좋아한다고 했으므로 22번의 정답은 (D)이다.

Lucy는 공원에 가서 책을 읽는 것을 좋아한다고 했으므로 23번의 정답은 (B)이다.

Words and Phrases library 도서관; 서재 | all kinds of 많은 종류의 | favorite 매우 좋아하는

[24-25]

Girl: I like to go to the animal park. An animal park is like a zoo. But I can touch the animals and play with them. There are rabbits, ducks, sheep, pigs, and even horses! I can also give the animals food to eat.

24. How is an animal park different from a zoo?
   (A) There are more trees.
   (B) The animals don't eat.
   (C) There are more animals.
   (D) You can play with the animals.

25. Which animal name DIDN'T the girl say?
   (A) pigs
   (B) frogs
   (C) ducks
   (D) rabbits

해석 소녀: 나는 동물 공원에 가는 것을 좋아한다. 동물 공원은 동물원 같은 곳이다. 그러나 나는 동물들을 만질 수 있고 그들과 함께 놀 수 있다. 그곳에는 토끼들, 오리들, 양들, 돼지들, 심지어 말들도 있다! 나는 또한 동물들이 먹을 수 있는 음식도 줄 수 있다.

24. 동물 공원은 동물원과 어떤 차이가 있는 것인가?
   (A) 그곳엔 더 많은 나무들이 있다.
   (B) 동물들이 먹지 않는다.
   (C) 더 많은 동물들이 있다.
   (D) 동물들과 함께 놀 수 있다.

25. 소녀가 언급하지 않은 동물은 무엇인가?
   (A) 돼지
   (B) 개구리
   (C) 오리
   (D) 토끼

풀이 소녀는 동물원과 동물 공원의 차이점이 동물을 '직접 만질 수 있고, 놀 수 있으며 음식도 직접 줄 수 있다'고 말했다. 그 중 동물들과 함께 놀 수 있으므로 24번의 정답은 (D)이다.

소녀는 동물원에 토끼, 오리, 양, 돼지, 말들이 있다고 말했으므로 25번의 정답은 (B)이다.

Words and Phrases touch (손 등으로) 만지다; 촉각 | animal park (야생 동물을 풀어놓고 구경하게 하는) 동물 공원, 자연 동물원

Part D. Listen and Speak (p.71)

26. Boy: Your dog walks so slowly.
   Girl: He is very old.
   Boy: How old is he?
   Girl: _____
   (A) He's a nice dog.
   (B) He's just a puppy.
   (C) I had him for years.
   (D) He's twelve years old.

해석 소년: 네 강아지가 정말 천천히 걸어.
   소녀: 그 강아지는 나이가 정말 많아.
   소년: 몇 살이야?
   소녀: _____
   (A) 그는 착한 개야.
   (B) 그는 단지 강아지일 뿐이야.
   (C) 나는 수년간 데리고 있었어.
   (D) 그는 12살이야.

풀이 소년이 강아지가 몇 살이냐고 물었고 소녀는 강아지가 몇 살인지 대답해야 하므로 (D)가 정답이다.

Words and Phrases slowly 느리게 | old 나이 많은

27. Boy: Who's that girl?
   Girl: She's my best friend.
   Boy: Where does she live?
   Girl: _____
   (A) Her name is Carol.
   (B) She's 13 years old.
   (C) Yes, she speaks English.
   (D) She lives near my house.

해석 소년: 저 여자애 누구야?
   소녀: 그녀는 나랑 가장 친한 친구야.
   소년: 그녀는 어디 살아?
   소녀: _____
   (A) 그녀의 이름은 Carol이야.
   (B) 그녀는 13살이야.
   (C) 응, 그녀는 영어를 할 줄 알아.
   (D) 그녀는 우리 집 근처에 살아.

풀이 가장 친한 친구가 어디 사는지에 대한 질문에 소녀는 '장소'와 관련한 대답을 말해야 하므로 (D)가 정답이다.

Words and Phrases near 가까이

28. Girl: Why are you just sitting here?
   Boy: I have nothing to do.
   Girl: Let's go play.
   Boy: _____
   (A) But I need to study.
   (B) Sorry, but I'm busy.
   (C) Okay, I'm very hungry.
   (D) Okay, that sounds great.

해석 소녀: 너 왜 여기 그저 앉아 있어?
   소년: 나 할 일이 아무것도 없어.

소녀: 놀러 가자.

소년: _____

(A) 하지만 나 공부해야 해.

(B) 미안, 나 바빠.

(C) 그래, 나 정말 배고파.

(D) 그래, 좋아.

풀이 할 일이 없어서 그냥 앉아 있는 소년에게 소녀가 놀지 않겠냐고 제안했고 현재 아무것도 하지 않고 있는 소년은 소녀의 제안에 긍정적인 대답을 해야 하므로 (D)가 정답이다.

Words and Phrases just (별다른 생각·이유 없이) 그저 | sit 앉다 | have nothing to do 할 일이 없는

29. Boy: I'm so hungry right now.

Girl: You didn't eat lunch?

Boy: I didn't have time.

Girl: _____

(A) That's too bad.

(B) I had lunch, too.

(C) That's good news.

(D) I'm happy to hear that.

해석 소년: 나 지금 너무 배고파.

소녀: 너 점심 안 먹었어?

소년: 나 시간이 없었어.

소녀: _____

(A) 유감이야.

(B) 나도 점심 먹었어.

(C) 그거 좋은 소식이야.

(D) 그거 들으니 기쁘네.

풀이 시간이 없어서 밥을 못 먹어서 배고프다는 소년의 말에 대해, 소녀는 안타까운 의미인 위로와 관련한 대답을 해주어야 하므로 (A)가 정답이다.

Words and Phrases hungry 배고픈

30. Girl: What are you doing?

Boy: Playing a video game.

Girl: It looks really fun.

Boy: _____

(A) Do you want to try it?

(B) Do you want to read it?

(C) Do you want to have some?

(D) Do you want to go together?

해석 소녀: 무엇을 하고 있니?

소년: 비디오 게임을 하고 있어.

소녀: 정말 재밌어 보인다.

소년: _____

(A) 너 한번 해볼래?

(B) 너 그거 읽어보고 싶어?

(C) 너 좀 먹을래?

(D) 같이 갈래?

풀이 게임을 하고 있는 소년의 모습이 재밌어 보인다고 말하는 소녀에게 소년이 게임을 권유하는 (A)가 정답이다. 여기서 게임을 '...하는' 것이므로, '시도하다'와 같은 동사를 선택해야 한다.

Words and Phrases look 보다; 보이다

Part A. Sentence Completion (p.74)

1. A: _____ can I have it back?

B: I'll return it to you tomorrow.

(A) Why

(B) How

(C) What

(D) When

해석 A: 그거 나한테 언제 돌려줄 수 있어?

B: 내가 내일 너에게 돌려줄게.

(A) 왜

(B) 어떻게

(C) 무엇

(D) 언제

풀이 '내일' 돌려주겠다는 기간에 대한 의미로 답변했으므로 (D)가 정답이다.

Words and Phrases have something back ~을 되찾다

2. A: Who are you waiting for?

B:I'm waiting for_____ friend.

(A) me

(B) my

(C) mine

(D) myself

해석 A: 너 누구 기다리는 중이야?

B: 나는 내 친구 기다려.

(A) 나

(B) 나의

(C) 나의 것

(D) 내 스스로

풀이 '나의' 친구를 기다리는 것이므로 (B)가 정답이다.

Words and Phrases wait 기다리다

3. A: The grass_____ dry.

B: We'd better give it water.

(A) look

(B) looks

(C) looking

(D) be looking

해석 A: 잔디가 건조해 보인다.

B: 우리 잔디에게 물 주는 것이 좋겠어.

(A) ...처럼 보인다

(B) ...처럼 보인다(주어가 3인칭 단수일 때)

(C) 보는 것

(D) 보고 있는 중이다

풀이 물을 주는 것이 좋겠다는 대답으로 볼 때, 잔디가 건조해 보였기 때문이므로 (B)가 정답이다. 여기서 We'd better이란 we had better의 축약형태이다.

Words and Phrases We had better... ...하는 것이 좋겠다

4. A: What _____ a mailman do?

B: He brings the mail.

(A) is

(B) do

(C) was

(D) does

해석 A: 우체부는 무엇을 하는 직업이야?

B: 그는 우편물을 가져 와.

(A) 이나(단수형)

(B) 하다(복수형)

(C) 였다(과거형)

(D) 하다(단수형)

풀이 우체부는 3인칭이므로 3인칭 단수형 동사로 문장을 맞춰주어야 하기 때문에 (D)가 정답이다.

Words and Phrases mailman 우체부 | mail 우편물

5. A: May I have _____ water?

B: Sure. Go ahead.

(A) a

(B) an

(C) any

(D) some

해석 A: 물 좀 먹을 수 있을까?

B: 그래, 먹어.

(A) 하나(글 속에 처음 언급되는 단수형 명사 앞에 쓰임)

(B) 하나((A)와 동일하나, 단수형 명사가 모음으로 시작될 때 쓰임)

(C) 어떤(단수 명사와 함께 쓰여 많은 것들 중의 아무것이든 하나를 가리킴)

(D) 약간의(불가산 명사·복수 명사와 함께 쓰여)

풀이 water는 불가산 명사이므로 (D)가 정답이다.

Words and Phrases water 물

Part B. Situational Writing (p.75)

6. _____ in the race.

(A) The boy is first

(B) The girl is second

(C) The dog is third

(D) The cat is fourth

해석 달리기 경주에서 강아지는 3등이다.

(A) 소년은 1등이다.

(B) 소녀는 2등이다.

(C) 강아지는 3등이다.

(D) 고양이는 4등이다.

풀이 고양이가 1등, 소년이 2등, 강아지가 3등, 소녀가 4등이므로 (C)가 정답이다.

Words and Phrases race 달리기 경주 | first (서수사)첫째; 1등의 | second (서수사)둘째; 2등의 | third (서수사)셋째; 3등의 | fourth (서수사)넷째; 4등의

7. The children are playing _____.

(A) at the gym

(B) at the park

(C) in the room

(D) with the toys

해석 아이들은 공원에서 노는 중이다.

(A) 체육관에서

(B) 공원에서

(C) 방 안에서

(D) 장난감과 함께

풀이 아이들은 '공원'에서 뛰어놀고 있으므로 (B)가 정답이다.

Words and Phrases gym 체육관

8. It is time to _____.

(A) wake up

(B) go to bed

(C) make the bed

(D) sit on the bed

해석 잠자러 갈 시간이다.

(A) 일어나다

(B) 잠자러 가다

(C) (자고 나서) 잠자리를 정돈하다, 이불을 개다

(D) 침대 위에 앉다

풀이 그림에서 창문 밖에 달이 떠있는 것으로 보아 시간대가 밤인 것을 알 수 있으므로 (B)가 정답이다.

Words and Phrases wake up 일어나다

9. The doghouse is _____.

(A) over the tree

(B) under the tree

(C) next to the dog

(D) in front of the dog

해석 강아지 집은 나무 아래에 있다.

(A) 나무 위에

(B) 나무 아래에

(C) 강아지 옆에

(D) 강아지 앞에

풀이 그림에서 강아지 집은 나무 아래에 위치하고 있으므로 (B)가 정답이다.

Words and Phrases under 아래에 | over 위에 | next to 옆에 | in front of ~의 앞쪽에

10. The girl goes to school at _____.

(A) six

(B) seven

(C) eight

(D) nine

해석 소녀는 여덟시에 학교에 간다.

(A) 6

(B) 7

(C) 8

(D) 9

풀이 소녀는 학교 앞에 있고, 시계는 8시를 가리키고 있으므로 (C)가 정답이다.

Words and Phrases go to school 학교에 가다

[11-12]

11. Where can you see this sign?

    (A) at a park

    (B) at a school

    (C) at the beach

    (D) on the street

12. What is NOT allowed?

    (A) a dog

    (B) music

    (C) swimming

    (D) beach balls

해석

> 우리의 해변을 깨끗하게 유지하고 도와줍시다.
>
>   해변에
>
>   쓰레기 금지
>
>   차량 금지
>
>   유리 금지
>
>   불 금지
>
>   동물 금지

11. 어디에서 이 표지판을 볼 수 있는가?

    (A) 공원에서

    (B) 학교에서

    (C) 해변에서

    (D) 길거리에서

12. 허용되지 않는 것은 무엇인가?

    (A) 개

    (B) 음악

    (C) 수영

    (D) 물놀이용 공들

풀이 표지판 문구 마지막에 해변가에 동물을 금지한다는 조항으로 볼 때 11번의 정답은 (C)이다.

    표지판에서 금지되는 것은 쓰레기, 차량, 유리, 불, 동물이므로 12번의 정답은 (A)이다.

Words and Phrases sign 표지판 | litter 쓰레기 | vehicle 자동차

[13-14]

	Team Blue	Team Red	Team Green	Team Yellow
3rd Grade Score	32 Points	34 Points	28 Points	38 Points
4th Grade Score	25 Points	30 Points	26 Points	32 Points
Total Score	57 Points	64 Points	54 Points	70 Points

13. Which has the fewest points?

    (A) 3rd Grade, Team Green

    (B) 3rd Grade, Team Yellow

    (C) 4th Grade, Team Green

    (D) 4th Grade, Team Blue

14. What is NOT true about the chart?

    (A) It is for Test Day.

    (B) There are four teams.

    (C) There are two grades.

    (D) It is for Primary School 193.

해석

		193 초등학교		
		3&4학년 운동의 날		
	파랑팀	빨강팀	초록팀	노랑팀
3학년 점수	32점	34점	28점	38점
4학년 점수	25점	30점	26점	32점
전체 점수	57점	64점	54점	70점

13. 어느 팀이 가장 적은 점수를 받았는가?

    (A) 3학년, 초록팀

    (B) 3학년, 노랑팀

    (C) 4학년, 초록팀

    (D) 4학년, 파랑팀

14. 표에 대해 사실이 아닌 것은?

    (A) 시험의 날을 위한 것이다.

    (B) 4개의 팀들이 있다.

    (C) 두 학년이 있다.

    (D) 193 초등학교를 위한 것이다.

풀이 4학년 파랑팀이 25점으로 최저점을 받은 것을 알 수 있으므로 13번의 정답은 (D)이다.

    193 초등학교 운동의 날 때 사용한 표이므로 14번의 정답은 (A)이다.

Words and Phrases primary school 초등학교

[15-16]

15. Which meal does NOT have fries?

    (A) pasta

    (B) hot dog

    (C) grilled cheese

    (D) chicken fingers

16. Which drink is NOT refilled for free?

    (A) coke

    (B) lemonade

    (C) milkshake

    (D) orange juice

해석

어린이 메뉴
치즈피자 $ 6.95
핫도그와 감자튀김 $ 6.95
그릴드 치즈와 감자튀김 $ 6.95
치킨 핑거와 감자튀김 $ 6.95
소스를 곁들인 파스타 $ 7.95
어린이용 피시 앤 칩스 $ 7.95
모든 메뉴는 음료가 포함되며 음료는 한 번만 리필됩니다.
레몬에이드 / 콜라 / 사이다 / 오렌지 주스 / 크렌베리 주스 / 우유 혹은 초코우유
*밀크쉐이크 … $2.95(무료 아님)

15. 감자튀김이 포함 안 되어 있는 음식은 무엇인가?

    (A) 파스타

    (B) 핫도그

    (C) 그릴드 치즈

    (D) 치킨 핑거

16. 무료로 리필되지 않는 음료는 무엇인가?

    (A) 콜라

    (B) 레몬에이드

    (C) 밀크쉐이크

    (D) 오렌지 주스

풀이 파스타는 소스와 곁들여 나오고 감자튀김이 포함되지 않으므로 15번의 정답은 (A)이다.

밀크 쉐이크는 무료로 리필되지 않고 $2.95씩 돈을 지불해야 하므로 16번의 정답은 (C)이다.

Words and Phrases chips 감자튀김 | refill 리필 제품

[17-18]

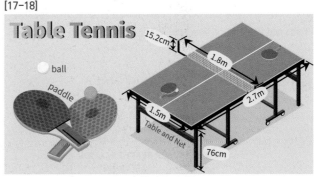

17. What do you use to hit the ball?

    (A) the net

    (B) the table

    (C) the tennis

    (D) the paddle

18. How long is the net?

    (A) 15.2 centimeters

    (B) 76 centimeters

    (C) 1.5 meters

    (D) 1.8 meters

해석

탁구
공 / (탁구) 라켓 / 탁자와 그물망

17. 공을 치려면 무엇을 이용해야 하는가?

    (A) 그물망

    (B) 탁자

    (C) 테니스

    (D) (탁구) 라켓

18. 그물망은 얼마나 긴가?

    (A) 15.2cm

    (B) 76cm

    (C) 1.5m

    (D) 1.8m

풀이 (탁구) 라켓을 잡고 공을 쳐야 하므로 17번의 정답은 (D)이다.

그물망의 높이가 아닌, 길이를 물었으므로 18번의 정답은 (D)이다.

Words and Phrases table tennis 탁구 | paddle (탁구) 라켓 | net 그물망

[19-20]

19. What kind of paper do you need?

    (A) big, red paper

    (B) big, green paper

    (C) small, red paper

    (D) small, blue paper

20. What do you do after you cut the heart out?

    (A) fold it in half

    (B) draw a big heart

    (C) write a sweet note

    (D) get a piece of paper

해석

> 어머니의 날 카드를 만들자
>
> 큰 빨간 종이를 구해라.
> 종이 위에 큰 하트 모양을 그려라.
> 하트 모양을 오려 내라.
> 하트를 반으로 접어라.
> 다정한 글을 카드 안쪽에 적어라.

19. 어떤 종류의 종이가 필요한가?

    (A) 큰, 빨간 종이

    (B) 큰, 초록 종이

    (C) 작은, 빨간 종이

    (D) 작은, 파란 종이

20. 하트 모양을 오려낸 다음 무엇을 해야 하는가?

    (A) 반으로 접는다.

    (B) 큰 하트 모양을 그린다.

    (C) 다정한 글을 적는다.

    (D) 종이를 구한다.

풀이 크고 빨간 종이를 구하라고 했으므로 19번의 정답은 (A)이다.

    오려낸 다음에는 반으로 접으라고 했으므로 20번의 정답은 (A)이다.

Words and Phrases piece 한 부분 | cut 자르다 | fold 접다

Part D. General Reading and Retelling (p.82)

[21-22]

My family has a new member. It's a fat cat named Lester. Lester is very funny. He likes to eat flowers. But he doesn't like sweets. He likes to play with my toys. When he is tired, he sleeps next to my bed. I'm glad to have Lester in my family.

21. What does Lester like to eat?

    (A) toys

    (B) fruit

    (C) flowers

    (D) candies

22. Where does Lester sleep when he is tired?

    (A) on the sofa

    (B) under the bed

    (C) next to the bed

    (D) on top of the table

해석 우리 가족은 새로운 구성원이 있다. 새로운 구성원은 뚱뚱한 고양이이며 이름은 Lester이다. Lester는 매우 재밌다. 그는 꽃들을 먹는 것을 좋아한다. 그러나 그는 달콤한 것들은 좋아하지 않는다. 그는 내 장난감으로 노는 것을 좋아한다. 그가 피곤할 때, 그는 나의 침대 옆에서 잠을 잔다. 나는 Lester가 가족이 되어서 기쁘다.

21. Lester는 무엇을 먹는 것을 좋아하는가?

    (A) 장난감

    (B) 과일

    (C) 꽃

    (D) 사탕

22. Lester가 피곤할 때 어디에서 잠을 자는가?

    (A) 소파 위에서

    (B) 침대 아래에서

    (C) 침대 옆에서

    (D) 탁자 위에서

풀이 Lester는 꽃을 먹는 것을 좋아한다고 했으므로 21번의 정답은 (C)이다.

    피곤해지면 침대 옆에 와서 잠을 잔다고 했으므로 22번의 정답은 (C)이다.

Words and Phrases member 구성원 | funny 웃긴 | sweets 사탕

[23-24]

My grandmother is a very special person. First, I think she is the best cook in the world. She cooks many things. They are so delicious. She also knows how to make me and my brother happy. She tells us stories and buys us small gifts. Most of all, my grandmother is my best friend.

23. Who is the girl talking about?

    (A) her family

    (B) her brother

    (C) her grandfather

    (D) her grandmother

24. What is NOT true about the girl's grandmother?

    (A) She sells gifts.

    (B) She tells stories.

    (C) She cooks delicious food.

    (D) She makes her grandkids happy.

해석 나의 할머니는 특별한 사람이다. 첫 번째로, 내 생각에 그녀는 이 세상에서 최고의 요리사이다. 그녀는 많은 것들을 요리한다. 그것들은 정말 맛있다. 또한 그녀는 나와 오빠를 행복하게 만드는 방법을 알고 있다. 그녀는 우리에게 이야기를 말해주고 작은 선물을 사준다. 무엇보다도, 우리 할머니는 나의 가장 친한 친구이다.

23. 소녀가 이야기하고자 하는 사람은 누구인가?

    (A) 그녀의 가족

    (B) 그녀의 오빠

    (C) 그녀의 할아버지

    (D) 그녀의 할머니

24. 소녀의 할머니에 대해서 사실이 아닌 것은 무엇인가?

    (A) 그녀는 선물을 판다.

    (B) 그녀는 이야기를 들려준다.

    (C) 그녀는 맛있는 음식을 요리한다.

    (D) 그녀는 손자들을 행복하게 한다.

풀이 할머니에 대해서 이야기하고 있으므로 23번의 정답은 (D)이다.

할머니는 손자들에게 작은 선물들을 사준다고 했고 선물을 판다고 한 적은 없으므로 24번의 정답은 (A)이다.

Words and Phrases delicious 맛있는 | most of all 그 중에서도, 무엇보다도

[25-26]

Octopuses live in the ocean. They have eight long arms. They also have two big eyes. They can see things very well with them. Octopuses use their long arms and big eyes to catch smaller animals for food. But they do not have bones in their body.

25. What is the passage mainly about?

    (A) big eyes

    (B) the ocean

    (C) the octopus

    (D) ocean animals

26. What is NOT true about octopuses?

    (A) They have bones.

    (B) They live in the ocean.

    (C) They have two big eyes.

    (D) They have eight long arms.

해석 문어는 바다에 산다. 그들은 여덟 개의 긴 팔을 가지고 있다. 그들은 또한 두 개의 큰 눈을 가지고 있다. 그들은 그들의 큰 눈으로 사물들을 잘 볼 수 있다. 문어들은 그들의 긴 팔과 큰 눈을 사용하여 작은 동물들을 먹잇감으로 잡기 위해 사용한다. 그러나 그들은 그들의 몸에 뼈가 없다.

25. 해당 지문은 주로 무엇에 대한 것인가?

    (A) 큰 눈

    (B) 바다

    (C) 문어

    (D) 해양 동물

26. 문어에 대해 사실이 아닌 것은?

    (A) 그들은 뼈가 있다.

    (B) 그들은 바다에서 산다.

    (C) 그들은 큰 두 눈을 가지고 있다.

    (D) 그들은 여덟 개의 긴 팔을 가지고 있다.

풀이 문어의 거주지와 생김새 및 특이점을 설명한 지문이므로 25번의 정답은 (C)이다.

문어는 뼈가 없다고 적혀있으므로 26번의 정답은 (A)이다.

Words and Phrases octopus 문어 | bone 뼈

[27-28]

The Wright brothers made the first airplane. At first they used large kites. They learned many things about flying. Later they made gliders made of wood. A glider is a plane with no motor. At last, they made a plane that could fly. On December 17, 1903, they flew for about 12 seconds on this plane.

27. What is a glider?

    (A) a large kite

    (B) a kite with a motor

    (C) a plane with a motor

    (D) a plane with no motor

28. What happened on December 17, 1903?

    (A) The Wright brothers made gliders.

    (B) The Wright brothers used large kites.

    (C) The Wright brothers flew the first plane.

    (D) The Wright brothers made the first glider.

해석 Wright 형제들은 첫 번째 비행기를 만들었다. 첫 번째로 그들은 큰 연을 이용했다. Wright 형제는 하늘을 나는 것에 대하여 많은 것을 공부했다. 이후로, 그들은 나무로 만든 글라이더를 만들었다. 글라이더는 모터가 없는 비행기이다. 결국, 그들은 하늘을 날 수 있는 비행기를 만들었다. 1903년 12월 17일에 그들은 비행기를 타고 12초를 떠 있었다.

27. 글라이더가 무엇인가?

    (A) 큰 연

    (B) 모터가 있는 연

    (C) 모터가 있는 비행기

    (D) 모터가 없는 비행기

28. 1903년 12월 17일에 무슨 일이 생긴 것인가?

    (A) Wright 형제들은 글라이더를 만들었다.

    (B) Wright 형제들은 큰 연을 사용했다.

    (C) Wright 형제들은 첫 번째 비행기를 날게 했다.

    (D) Wright 형제들은 첫 번째 글라이더를 만들었다.

풀이 글라이더는 모터가 없고 나무로 만든 비행기이므로 27번의 정답은 (D)이다.

1903년 12월 17일에 Wright 형제는 하늘을 날 수 있는 비행기를 만들어서 그 비행기를 타고 12초간 공중에 떠 있었으므로 28번의 정답은 (C)이다.

Words and Phrases plane 비행기

[29-30]

A father had three sons. The three sons did not get along. One day, the father asked the sons to bring him a bundle of sticks. Then he asked each son to break the bundle, but they couldn't. After that, he gave each son one stick. When he asked them to break their stick, they did so easily. Then the father said, "My sons, your enemies cannot break you if you stay together. But if you always fight between yourselves, you will easily be broken."

29. Why did the father ask for a bundle of sticks?

(A) He needed wood for a fire.

(B) He wanted to break something.

(C) He wanted to teach his sons a lesson.

(D) He wanted to see how strong his sons were.

30. What is the lesson of the story?

(A) Sticks are hard to break.

(B) Brothers like to fight a lot.

(C) A strong family should get along.

(D) A family should always have sticks.

해석 아버지는 세 아들이 있었다. 세 아들은 서로 잘 어울려 다니지 않았다. 어느 날, 아버지는 아들에게 막대 묶음을 가져오라고 시켰다. 그리고선, 아버지는 각각의 아들에게 묶음을 부러뜨려 보라고 요청했다. 그러나 아들들은 할 수 없었다. 그 이후로 아버지는 아들에게 각자 막대 한 개씩을 주었다. 아버지가 막대를 부러뜨려 보라고 했을 때, 아들들은 쉽게 부러뜨릴 수 있었다. 그리고 나서, 아버지는 말했다, " 내 아들아, 너희들이 함께 있다면, 적들은 너희를 부러뜨릴 수 없다." 그러나 만약 너희들끼리 항상 싸우게 된다면, 너희는 쉽게 부러질 것이다."

29. 아버지는 왜 나무 묶음을 요청했는가?

(A) 불을 지피기 위해 나무가 필요했다.

(B) 무엇인가를 부수길 원했다.

(C) 그의 아들들에게 교훈을 가르쳐주고 싶었다.

(D) 그의 아들이 얼마나 힘이 센 지 보고 싶었다.

30. 이야기의 교훈은 무엇인가?

(A) 막대들은 부러뜨리기 어렵다.

(B) 형제들은 자주 싸우는 것을 좋아한다.

(C) 단단한 가족들은 같이 어울려야 한다.

(D) 가족은 항상 막대를 가지고 있어야 한다.

풀이 아버지는 사이가 소홀한 아들들이 서로 뭉쳐서 함께한다면 더 큰 힘이 생긴다는 교훈을 막대 묶음을 통해 보여주고 있으므로 29번의 정답은 (C)이다.

막대 하나는 부러뜨리기 쉽지만 막대 여러 개를 묶었을 때에는 부러뜨리기 어렵다는 것을 보여주면서, 형제들의 돈독한 우애로서 함께한다면 어떠한 적수도 덤비지 못할 것이라는 교훈을 주고 있다. 단단하고 튼튼한 가족이 되기 위해선 같이 어울리고 뭉쳐야 한다는 의미이므로 30번의 정답은 (C)이다.

Words and Phrases get along ...와 함께 잘 지내다 |
bundle of... ...의 묶음 |
strong (단체, 조직, 구성 등이) 튼튼한; (신체의) 힘이 센

실전 4회

Section I Listening and Speaking

1 (A)	2 (B)	3 (A)	4 (B)	5 (A)
6 (C)	7 (A)	8 (C)	9 (B)	10 (D)
11 (C)	12 (B)	13 (A)	14 (A)	15 (C)
16 (D)	17 (B)	18 (C)	19 (D)	20 (A)
21 (D)	22 (C)	23 (C)	24 (D)	25 (D)
26 (C)	27 (B)	28 (B)	29 (D)	30 (C)

Section II Reading and Writing

1 (A)	2 (B)	3 (B)	4 (D)	5 (D)
6 (B)	7 (B)	8 (B)	9 (A)	10 (A)
11 (C)	12 (A)	13 (B)	14 (B)	15 (A)
16 (C)	17 (B)	18 (A)	19 (B)	20 (C)
21 (B)	22 (C)	23 (D)	24 (B)	25 (C)
26 (B)	27 (A)	28 (C)	29 (A)	30 (C)

SECTION I LISTENING AND SPEAKING

Part A. Listen and Recognize (p.89)

1. Boy: My pants are yellow.

정답 (A)

해석 소년: 나의 바지는 노란색이다.

풀이 나의 바지는 노란색이라고 했으므로 바지 색이 노란색인 그림 (A)가 정답이다.

Words and Phrases pants 바지

2. Girl: The boy is cleaning a window.

정답 (B)

해석 소녀: 소년이 창문을 닦고 있는 중이다.

풀이 소년이 창문을 닦고 있는 중이라고 했으므로 소년이 창문을 닦고 있는 그림 (B)가 정답이다.

Words and Phrases clean 닦다

3. Boy: The man is cutting the grass.

정답 (A)

해석 소년: 남자는 잔디를 깎는 중이다.

풀이 남자는 잔디를 깎는 중이라고 했으므로 잔디를 깎는 그림 (A)가 정답이다.

Words and Phrases grass 잔디

4. Girl: The woman is eating a carrot.

정답 (B)

해석 소녀: 여자는 당근을 먹는 중이다.

풀이 여자는 당근을 먹는 중이라고 했으므로 당근은 먹는 그림 (B)가 정답이다.
Words and Phrases carrot 당근

5. Boy: The man is smiling.
정답 (A)
해석 소년: 남자는 웃고 있다.
풀이 남자는 웃고 있다고 했으므로 미소 띤 남자의 그림 (A)가 정답이다.
Words and Phrases smile 웃다

Part B. Listen and Respond (p.91)

6. Girl: What are you going to do after school?
    Boy: _____.
      (A) I go to that school.
      (B) I finished my homework.
      (C) I'm going skating.
      (D) I don't like school.
해석 소녀: 너 학교 끝나고 뭐 할 거야?
    소년: _____
      (A) 나는 바로 그 학교에 가.
      (B) 나는 내 숙제를 다 했어.
      (C) 나는 스케이트를 타러 가.
      (D) 나는 학교가 싫어.
풀이 학교 끝나고 뭘 할지 물어보는 소녀의 대답은 '~을 할 것이다'라는 미래형
    동사가 나와야 하므로 (C)가 정답이다.
Words and Phrases be going to... ...을 할 것이다(의도를 나타냄)

7. Boy: Shall I help you clean up?
    W: _____
      (A) Yes, thank you.
      (B) Yes, I'm fine.
      (C) Yes, you are.
      (D) No, don't go.
해석 소년: 제가 청소하는 것을 도와줄까요?
    여자: _____
      (A) 그래, 고마워.
      (B) 그래, 나는 괜찮아.
      (C) 그래, 너는 그래.
      (D) 아니, 가지 마.
풀이 청소를 도와줄지 물어보는 질문에 '그래, 고마워' 혹은 '아니, 괜찮아'가
    적당하므로 (A)가 정답이다.
Words and Phrases clean up ~을 치우다

8. Girl: I got a new dress.
    Boy: _____
      (A) That's too bad.
      (B) I bought it yesterday.
      (C) That's nice.
      (D) My shirt is clean.
해석 소녀: 나 새로운 원피스 샀어.
    소년: _____

      (A) 참 안됐구나. (안타까운 일이구나.)
      (B) 나 어제 그거 샀어.
      (C) 그거 괜찮네.
      (D) 내 셔츠는 깨끗해.
풀이 드레스를 샀다는 소녀의 말에 소년은 소녀가 산 원피스에 대하여 어떻게
    생각하는지 대답한 (C)가 정답이다.
Words and Phrases dress 원피스

9. Boy: Why are you home?
    Girl: _____.
      (A) Because I swim.
      (B) Because I feel sick.
      (C) Because I'm a student.
      (D) Because I'm leaving.
해석 소년: 너 왜 집에 있는 거야?
    소녀: _____
      (A) 왜냐하면 나는 수영하거든.
      (B) 왜냐하면 나는 아프거든.
      (C) 왜냐하면 나는 학생이거든.
      (D) 왜냐하면 나는 떠나고 있거든.
풀이 소년이 소녀가 왜 집에 있는지에 대해 물어봤으므로 소녀는 집에 있는
    이유를 설명한 (B)가 정답이다.
Words and Phrases leave (사람, 장소에서) 떠나다; (살던 집, 직장, 학교
                      등을) 그만두다; 휴가

10. Girl: When will you go?
    Boy: _____
      (A) I'm so tired.
      (B) On Third Street.
      (C) I'll go by train.
      (D) At 5 o'clock.
해석 소녀: 너 언제 갈 거야?
    소년: _____
      (A) 나는 너무 피곤해.
      (B) Third 거리에서.
      (C) 나는 기차를 타고 갈 거야.
      (D) 5시에.
풀이 언제 떠날 것인지에 대한 소녀의 질문에 '시간'을 말해준 (D)가 정답이다.
Words and Phrases train 기차

Part C. Listen and Retell (p.92)

11. Boy: Did you walk to school?
    Girl: No, my dad gave me a ride.
    Question: How did the girl get to school?
정답 (C)
해석 소년: 너는 학교에 걸어갔니?
    소녀: 아니, 아빠가 차 태워 줬어.
    질문: 소녀는 학교에 어떻게 갔는가?
풀이 학교에 걸어갔냐는 소년의 물음에 아빠가 태워다 줬다는 말로 대답했으므로
    승용차 그림 (C)가 정답이다.

Words and Phrases give (somebody) a ride (~를) 태워 주다

12. Girl: Can you come over to my house?

   Boy: Sorry, I'm doing my homework.

   Question: What is the boy doing?

정답 (B)

해석 소녀: 너 우리 집에 놀러올 수 있어?

   소년: 미안, 나 숙제하는 중이야.

   질문: 소년은 무엇을 하고 있는 중인가?

풀이 소년은 공부를 하고 있는 중이어서 소녀의 집에 놀러갈 수 없었으므로
   소년이 숙제하고 있는 그림 (B)가 정답이다.

Words and Phrases come over (누구의 집에) 들르다 | homework 숙제

13. Boy: Why don't you answer the phone?

   Girl: Sorry, I'm eating.

   Question: Where is the girl?

정답 (A)

해석 소년: 너 왜 내 전화 안 받았어?

   소녀: 미안, 나 밥 먹고 있어.

   질문: 소녀는 어디에 있는가?

풀이 소녀는 밥을 먹고 있어서 소년의 전화를 받을 수 없었으므로 밥 먹고 있는
   소녀의 그림 (A)가 정답이다.

Words and Phrases eat (음식·밥 등을) 먹다

14. Girl: Do you have a box I can use?

   Boy: No, but I have a bag.

   Question: What does the boy have?

정답 (A)

해석 소녀: 너 내가 쓸 수 있는 박스 있니?

   소년: 아니, 근데 나 가방은 있어.

   질문: 소년이 가지고 있는 것은 무엇인가?

풀이 소녀는 소년에게 자신이 쓸 수 있는 박스 좀 있냐고 물어봤으나 소년은 박스
   대신에 '가방'이 있다고 하였으므로 (A)가 정답이다.

Words and Phrases use 사용하다

15. Boy: Would you like a sandwich?

   Girl: No, thanks, I just brushed my teeth.

   Question: Why does the girl NOT want a sandwich?

정답 (C)

해석 소년: 너 샌드위치 먹을래?

   소녀: 아니, 괜찮아. 나 방금 이를 닦았거든.

   질문: 소녀는 왜 샌드위치를 원하지 않는가?

풀이 소녀는 방금 이를 닦았기 때문에 샌드위치를 원하지 않았으므로 (C)가
   정답이다.

Words and Phrases brush (솔질, 빗질) 솔질을 하다

16. Girl: How often do you watch TV?

   Boy: I watch TV only on weekends.

   Question: When does the boy watch TV?

정답 (D)

해석 소녀: 너는 얼마나 자주 티비를 보니?

   소년: 나는 매주 주말에 티비를 봐.

질문: 소년은 언제 티비를 보는가?

풀이 소년은 매주 주말에 티비를 본다고 말했으므로 (D)가 정답이다.

Words and Phrases on weekends 주말에

17. Boy: Is Mr. Brown a police officer?

   Girl: No, he is a taxi driver.

   Question: What does Mr. Brown do?

정답 (B)

해석 소년: Brown 아저씨는 경찰관이야?

   소녀: 아니, 그는 택시 운전사야.

   질문: Brown은 직업이 무엇인가?

풀이 Brown 아저씨는 경찰관이 아니라 택시 운전사라고 소녀가 대답했으므로
   (B)가 정답이다.

Words and Phrases police officer 경찰관 | taxi driver 택시 운전사

[18-19]

Boy: My sister and I are very different. I like playing computer games. My sister thinks computer games are boring. She likes listening to music. And she can play the piano very well. My sister and I like different foods too. She likes vegetables and fruits, but I don't. I like meat.

18. What kind of food does the boy like?

   (A) rice

   (B) fruits

   (C) meat

   (D) vegetables

19. What is NOT true about the boy's sister?

   (A) She likes to listen to music.

   (B) She likes to eat vegetables.

   (C) She can play the piano well.

   (D) She likes to play computer games.

해석 소년: 여동생과 나는 매우 다르다. 나는 컴퓨터 게임을 하는 것을 좋아한다.
   여동생은 컴퓨터 게임이 지루하다고 생각한다. 그녀는 음악 듣는 것을 좋아
   한다. 그리고 그녀는 피아노를 매우 잘 친다. 여동생과 나는 다른 종류의
   음식을 좋아하기도 한다. 그녀는 야채와 과일을 좋아하지만 나는 싫어한다.
   나는 고기를 좋아한다.

18. 소년이 좋아하는 음식의 종류는 무엇인가?

   (A) 밥

   (B) 과일

   (C) 고기

   (D) 야채

19. 소년의 여동생에 대해 사실이 아닌 것은?

   (A) 그녀는 음악을 듣는 것을 좋아한다.

   (B) 그녀는 야채를 먹는 것을 좋아한다.

   (C) 그녀는 피아노를 치는 것을 좋아한다.

   (D) 그녀는 컴퓨터 게임을 하는 것을 좋아한다.

풀이 소년은 자신의 여동생에 대하여 설명하고 있는데, 좋아하는 음식도 각기 다르다고 설명한다. 여동생은 과일, 야채를 좋아하지만, 소년은 고기를 좋아한다고 했으므로 18번의 정답은 (C)이다.

소년은 컴퓨터 게임을 좋아하는 반면 여동생은 컴퓨터 게임이 지루하다고 생각한다고 말했으므로 19번의 정답은 (D)이다.

Words and Phrases boring 재미없는

[20-21]
Girl: Bats like to sleep during the day. They hang upside down in trees while they sleep. At night they look for food. Some kinds of bats like to eat fruit. Bats cannot see well, but they can smell very well. They use their noses to find food to eat.

20. What do some bats like to eat?
  (A) fruits
  (B) birds
  (C) mice
  (D) leaves

21. What can bats do very well?
  (A) see
  (B) hear
  (C) climb
  (D) smell

풀이 소녀: 박쥐들은 낮에 잠자는 것을 좋아한다. 그들은 잠자는 동안 나무 안에 거꾸로 매달려라. 밤에 그들은 음식을 찾으러 간다. 몇몇 박쥐들은 과일을 먹는 것을 좋아한다. 박쥐들은 잘 보지 못한다. 그러나 그들은 냄새를 잘 맡을 수 있다. 그들은 그들의 코를 이용하여 먹을 수 있는 음식을 찾을 수 있다.

20. 몇몇 박쥐들은 무엇을 먹는 것을 좋아하는가?
  (A) 과일
  (B) 새
  (C) 쥐
  (D) 잎

21. 박쥐들은 무엇을 잘하는가?
  (A) 보다
  (B) 듣다
  (C) 오르다
  (D) 맡다

풀이 몇몇 종류의 박쥐들은 과일을 먹는 것을 좋아한다고 했으므로 20번의 정답은 (A)이다.

박쥐들은 눈이 잘 안보이지만 냄새를 잘 맡을 수 있어서 음식을 잘 찾을 수 있다고 했으므로 21번의 정답은 (D)이다.

Words and Phrases bat 박쥐 | hang 매달다, 매달리다 | while ...하는 동안 | upside down (아래위가) 거꾸로

[22-23]
Boy: Every morning I have to walk the dog. Every evening I do my homework. On Mondays and Wednesdays, I take ice-skating lessons. On Sundays I have to go to church with my parents. I like Saturdays best because I can play all day.

22. How often does the boy have ice-skating lessons?
  (A) every day
  (B) once a week
  (C) twice a week
  (D) three times a week

23. What day does the boy like best?
  (A) Monday
  (B) Wednesday
  (C) Saturday
  (D) Sunday

해석 소년: 매일 아침에 나는 강아지를 산책 시켜야 한다. 매일 아침 나는 숙제를 한다. 월요일과 수요일마다, 나는 스케이트 수업을 받는다. 일요일마다 나는 부모님과 함께 교회에 가야 한다. 나는 토요일이 가장 좋다. 왜냐하면 하루 종일 놀 수 있기 때문이다.

22. 소년은 얼마나 자주 스케이트 수업을 받는가?
  (A) 매일
  (B) 일주일에 한 번
  (C) 일주일에 두 번
  (D) 일주일에 세 번

23. 소년이 가장 좋아하는 요일은 무엇인가?
  (A) 월요일
  (B) 수요일
  (C) 토요일
  (D) 일요일

풀이 소년은 스케이트를 매주 월요일과 수요일마다 수업을 받는다고 했으므로 22번의 정답은 (C)이다.

소년은 하루 종일 놀 수 있는 토요일이 가장 좋다고 말했으므로 23번의 정답은 (C)가 정답이다.

Words and Phrases walk 걷다, 산책시키다 | On Mondays 월요일마다 | have to ('의무'를 나타내어) ...해야 한다, ('충고·권고'를 나타내어) ...해야 한다, ('확신'을 나타내어) 틀림없이 ...일[할] 것이다

[24-25]
Girl: This year Christmas was very good. I made all my family's presents. I made a scarf for my father. I made a necklace for my mother. And I painted a picture for my brother. They liked their presents a lot. That made me very happy.

24. What did the girl do for Christmas?

    (A) She got to see snow.

    (B) She made many cards.

    (C) She made a lot of food.

    (D) She made her family's presents.

25. What did the girl give her mother?

    (A) a ring

    (B) a scarf

    (C) a painting

    (D) a necklace

해석 소녀: 올해 크리스마스는 정말 좋았다. 나는 모든 가족들을 위한 선물을 만들었다. 나는 아빠를 위해 스카프를 만들었다. 나는 엄마를 위해 목걸이를 만들었다. 그리고 나는 오빠를 위해 그림을 그렸다. 그들은 선물을 아주 좋아했다. 그것은 나를 매우 행복하게 만들어줬다.

24. 크리스마스 때 소녀가 한 일은 무엇인가?

    (A) 그녀는 눈을 봤다.

    (B) 그녀는 많은 카드를 만들었다.

    (C) 그녀는 많은 음식을 만들었다.

    (D) 그녀는 가족 선물을 만들었다.

25. 소녀가 엄마에게 준 선물은 무엇인가?

    (A) 반지

    (B) 목도리

    (C) 그림

    (D) 목걸이

풀이 소녀는 크리스마스 때 가족 모두에게 줄 선물을 만들었으므로 24번의 정답은 (D)이다.

소녀는 엄마에게 목걸이를 선물했으므로 25번의 정답은 (D)이다.

Words and Phrases necklace 목걸이 | paint a picture (그림 물감으로) 그림을 그리다

Part D. Listen and Speak (p.96)

26. Girl: Where are you going this summer?

    Boy: I'm going to the beach.

    Girl: Great. Can I go with you?

    Boy: _____.

    (A) Sorry, I'm busy.

    (B) No, I can't swim.

    (C) Sure, that would be fun.

    (D) Yes, I went to the beach.

해석 소녀: 이번 여름에 어디 가?

    소년: 나 해변에 갈 거야.

    소녀: 좋네. 나 너랑 같이 가도 돼?

    소년: _____

    (A) 미안해, 나는 바빠.

    (B) 아니, 나는 수영을 할 수 없어.

    (C) 그래, 그거 정말 재미있겠다.

    (D) 응, 나는 해변에 갔어.

풀이 소년이 바다에 간다고 한 말에 소녀가 같이 가도 되냐고 물어보았고, 이에 같이 가도 되는지, 안되는지에 대해 대답한 (C)가 정답이다.

Words and Phrases busy 바쁜

27. Boy: Is anyone going to eat this cake?

    Girl: I don't think so.

    Boy: Can I have it?

    Girl: _____.

    (A) No, it's yours.

    (B) Sure, go ahead.

    (C) Yes, please come.

    (D) No, I'm not hungry.

해석 소년: 케이크 먹을 사람 있니?

    소녀: 없는 것 같아.

    소년: 내가 먹어도 돼?

    소녀: _____.

    (A) 아니, 네 거야.

    (B) 그래, 먹어.

    (C) 응, 제발 와 줘.

    (D) 아니, 나는 배가 고프지 않아.

풀이 소년이 케이크를 먹어도 되냐는 질문을 하고 있고 소녀는 케이크를 별로 먹고 싶지 않아 하기에, 소년의 질문에 대해 먹으라고 답변할 것이므로 (B)가 정답이다.

Words and Phrases anyone 누구, 아무

28. Girl: Do you have a brother?

    Boy: Yes, I have one brother.

    Girl: Is he tall or short?

    Boy: _____.

    (A) He is thin.

    (B) He is very tall.

    (C) Yes, he is short.

    (D) No, he is not handsome.

해석 소녀: 너 남자형제 있니?

    소년: 응, 나 형 한 명 있어.

    소녀: 그는 키가 커? 아니면 작아?

    소년: _____.

    (A) 그는 말랐어.

    (B) 그는 키가 진짜 커.

    (C) 응, 그는 키가 작아.

    (D) 아니, 그는 잘생기지 않았어.

풀이 소녀가 소년에게 남자형제의 키가 큰지 작은지에 대해 물어봤다. 소년은 자신의 형의 키가 '크다 혹은 작다'라는 대답으로 말해야 하므로 (B)가 정답이다.

Words and Phrases thin 마른 | handsome 잘생긴

29. Girl: I'd like to buy some pears.

Boy: These pears are very fresh.

Girl: How much are they?

Boy: _____

(A) Here you are.

(B) Anything else?

(C) That's a good idea.

(D) They are five dollars.

해석 소녀: 저는 배 몇 개를 사고 싶어요.

소년: 이 배들은 정말 신선해요.

소녀: 그 배들 얼마인가요?

소년: _____

(A) 여기 있어요.

(B) 더 필요한 거 있나요?

(C) 그거 정말 좋은 생각이에요.

(D) 그것들은 5달러이에요.

풀이 소녀가 배의 가격이 얼마인지 물어봤으므로 가격을 알려준 (D)가 정답이다. 여기서 I'd like란 I would like to의 축약 형태이다.

Words and Phrases would like to... ...하고 싶다

30. Girl: I'm hungry. Let's eat.

Boy: Okay, I brought some sandwiches.

Girl: Did you bring any drinks?

Boy: _____

(A) I'm very tired.

(B) No, I'm too full.

(C) Yes, I brought water.

(D) Yes, I brought the plates.

해석 소녀: 나 배고파. 먹으러 가자.

소년: 그래, 나 샌드위치 몇 개 가져왔어.

소녀: 음료는 가져온 거 있니?

소년: _____

(A) 나는 매우 피곤해.

(B) 아니, 나는 너무 배가 불러.

(C) 응, 내가 물을 가져왔어.

(D) 응, 내가 접시들을 가져왔어.

풀이 소녀가 음료 가지고 온 게 있는지 물어봤으므로 가져온 음료를 말해준 (C)가 정답이다.

Words and Phrases bring 가져오다 (bring-brought-brought)

SECTION II READING AND WRITING

Part A. Sentence Completion (p.99)

1. A: _____ much is it?

B: It's ten dollars.

(A) How

(B) What

(C) When

(D) Which

해석 A: 그거 가격이 얼마야?

B: 그거 10달러야.

(A) 어떤

(B) 무엇

(C) 언제

(D) 어떤

풀이 10달러라는 대답으로 볼 때, 질문은 가격에 대하여 묻는 것이므로, much와 병합되어 가격을 묻는 의미가 될 수 있는 의문사 (A)가 정답이다.

Words and Phrases How much…? (값이) 얼마인가요?

2. A: When is your party?

B: It's _____ April 15th.

(A) at

(B) on

(C) by

(D) with

해석 A: 네 파티는 언제야?

B: 4월 15일에 있어.

(A) (장소)에

(B) (날짜)에

(C) 근처에

(D) 함께

풀이 날짜, 요일과 병합하여 쓰일 수 있는 (B)가 정답이다.

Words and Phrases April 4월

3. A: _____ ordering a pizza for dinner?

B: That's a good idea.

(A) May I

(B) How about

(C) Why do you

(D) What are you

해석 A: 저녁 식사로 피자를 주문하는 건 어때?

B: 좋은 생각이야.

(A) 내가 ...해도 돼?

(B) ...하는 건 어때?

(C) 넌 왜

(D) 넌 무엇을

풀이 저녁식사로 피자를 주문할 것을 제안하는 의미이므로 (B)가 정답이다.

Words and Phrases order 주문하다

4. A: Tom really _____.

B: Yes, he is doing well.

(A) like his new school

(B) like new his school

(C) likes new his school

(D) likes his new school

해석 A: Tom은 그의 새로운 학교가 정말 마음에 들어.

B: 응, 그는 잘 다니고 있어.

(A) 그의 새로운 학교를 좋아해(복수형 동사).

(B) 새로운 그의 학교를 좋아해(복수형 동사).

(C) 새로운 그의 학교를 좋아해(단수형 동사).

(D) 그의 새로운 학교를 좋아해(단수형 동사).

풀이 Tom은 '3인칭 주어'이다. '3인칭 주어'에는 '3인칭 동사'가 호응되어야 한다. '3인칭 동사'는 단수형 동사가 들어와야 하고, 소유격 his가 new school 보다 앞에 위치해야 하므로 (D)가 정답이다.

Words and Phrases well 잘

5. A: How often do you study French?
   B: _____
   (A) I walk.
   (B) At two.
   (C) Very well.
   (D) Every day.

해석 A: 얼마나 자주 프랑스어를 공부하니?
   B: **매일 해.**
   (A) 나는 걸어가.
   (B) 두시에.
   (C) 잘했어.
   (D) 매일.

풀이 프랑스어 공부를 얼마나 자주 공부하는지 물었다. 대답은 '빈도'에 호응되는 대답이어야 하므로 (D)가 정답이다.

Words and Phrases French 프랑스어

Part B. Situational Writing (p.100)

6. There are three balls _____.
   (A) in a bag
   (B) in a box
   (C) in a can
   (D) in a bottle

해석 박스 안에 공이 세 개 있다.
   (A) 가방 안에
   (B) 박스 안에
   (C) 캔 안에
   (D) 물병 안에

풀이 그림에서 박스 안에 공들이 담겨 있으므로 (B)가 정답이다.

Words and Phrases can 캔 | bottle 병

7. The woman is driving _____.
   (A) on a bridge
   (B) on the road
   (C) along the lake
   (D) through a tunnel

해석 여자는 길 위에서 운전하는 중이다.
   (A) 다리 위에
   (B) 길 위에
   (C) 강가를 따라서
   (D) 터널을 통과하여

풀이 그림에서 여자는 길에서 자동차 운전을 하고 있으므로 (B)가 정답이다.

Words and Phrases bridge 다리 | along ...을 따라

8. The _____ is flying through space.
   (A) robot
   (B) rocket
   (C) rainbow
   (D) airplane

해석 로켓은 우주를 통해 날고 있다.
   (A) 로봇
   (B) 우주선
   (C) 무지개
   (D) 비행기

풀이 그림에서 로켓이 우주에서 날고 있으므로 (B)가 정답이다.

Words and Phrases through 통하여

9. The little girl _____.
   (A) is hurt
   (B) is happy
   (C) is healthy
   (D) is running

해석 작은 소녀는 **다쳤다.**
   (A) 다치다
   (B) 행복하다
   (C) 건강하다
   (D) 뛰어가다

풀이 그림에서 소녀는 주저앉아서 울고 있고 무릎이 까져있으므로 (A)가 정답이다.

Words and Phrases healthy 건강한

10. The squirrel is _____.
    (A) climbing the tree
    (B) jumping on the grass
    (C) sitting under the tree
    (D) sitting on a tree branch

해석 다람쥐는 나무에 올라간다.
    (A) 나무를 올라탄다.
    (B) 잔디 위를 띈다.
    (C) 나무 아래에 앉아 있다.
    (D) 가지 위에 앉아 있다.

풀이 그림에서 다람쥐가 나무를 타고 올라가고 있으므로 (A)가 정답이다.

Words and Phrases squirrel 다람쥐 | branch 나뭇가지

Part C. Reading and Retelling (p.102)

[11-12]

Things to Remember Before You Try Cooking

1. Wash your hands before cooking.
2. Always ask an adult for permission.
3. Ask an adult for help when you need it.
4. Clean up when you are done.

11. What do you have to do before cooking?

    (A) clean floor

    (B) help adults

    (C) wash hands

    (D) make dinner

12. What does the last step suggest to do?

    (A) clean up

    (B) wash hands

    (C) ask an adult

    (D) start cooking

13. What do you need to do first?

    (A) Dry your cat with a towel.

    (B) Close the bathroom door.

    (C) Put your cat in the water.

    (D) Wash your cat with shampoo.

14. What do you NOT need when washing your cat?

    (A) a towel

    (B) a comb

    (C) a bathtub

    (D) cat shampoo

해석

> 요리를 시도할 때 당신이 기억해야 할 것들
> 1. 요리하기 전 손을 닦으세요.
> 2. 항상 어른에게 허락을 구하세요.
> 3. 필요할 때 어른에게 도움을 요청하세요.
> 4. 다 했으면 청소하세요.

11. 요리를 하기 전 무엇을 해야 하는가?

    (A) 바닥 닦기

    (B) 어른들 도와드리기

    (C) 손 닦기

    (D) 저녁 만들기

12. 마지막 단계에서 요구하는 것은 무엇인가?

    (A) 청소하기

    (B) 손 닦기

    (C) 어른에게 물어보기

    (D) 요리 시작하기

풀이 첫 번째 해야 할 일로 요리하기 전 손을 닦으라고 했으므로 11번의 정답은 (C)이다.

마지막 네 번째 단계에서 다 끝나면 청소를 하라고 했으므로 12번의 정답은 (A)이다.

Words and Phrases before ~하기 전 | permission 허락, 허가 | clean up 청소하다

해석

> 고양이를 목욕시키는 방법
> 욕조에 따뜻한 물을 넣으세요. 너무 깊게 만들지 마세요.
> 욕실 문을 닫아서 고양이가 나가지 못하게 하세요.
> 고양이를 물 안에 넣으세요.
> 샴푸와 린스와 함께 부드럽고 조심스럽게 고양이를 씻기세요.
> 수건으로 고양이를 부드럽게 말려주세요.

13. 첫 번째로 해야 하는 것은 무엇인가?

    (A) 수건으로 고양이를 말려라.

    (B) 욕실 문을 닫아라.

    (C) 물에 고양이를 넣어라.

    (D) 샴푸로 고양이를 씻겨라.

14. 고양이를 씻길 때 필요하지 않은 것은 무엇인가?

    (A) 수건

    (B) 빗

    (C) 욕조

    (D) 고양이 샴푸

풀이 설명서에는 욕조에 따뜻한 물을 넣는 것이 첫 번째 순서이지만 선택지에 없으므로, 선택지에서 가장 순서가 빠른 보기로 13번의 정답은 (B)이다.

고양이를 씻길 때 필요한 것은 수건, 욕조, 샴푸 린스이며, 빗은 해당하지 않으므로 14번의 정답은 (B)이다.

Words and Phrases bath 목욕 | gently 부드럽게

[13-14]

[15-16]

15. How much are tickets for children?

(A) three dollars

(B) four dollars

(C) eight dollars

(D) ten dollars

16. What is the musical about?

(A) love

(B) a bird

(C) a singer

(D) a student

17. How many pet birds do the students have?

(A) four

(B) five

(C) six

(D) seven

18. What are the most popular pets?

(A) fish and cats

(B) fish and dogs

(C) cats and dogs

(D) cats and birds

해석

```
North Heights 중학교 뮤지컬 공연 보러오세요
BYE BYE BIRDIE
BYE BYE BIRDIE는 한 가수에 대한 재밌는 이야기이다.
공연
7월 20일 토요일 오후 7시 30분, 7월 21일 일요일 오후 2시
입장
성인 입장료는 $8이고
학생과 아동 입장료는 $3이다.
```

15. 아동들을 위한 티켓은 얼마인가?

(A) 3달러

(B) 4달러

(C) 8달러

(D) 10달러

16. 뮤지컬은 어떤 주제에 관한 것인가?

(A) 사랑

(B) 새

(C) 가수

(D) 학생

풀이 성인 대상 입장료는 8달러이고 아동 및 학생 대상 입장료는 3달러이므로 15번의 정답은 (A)이다.

뮤지컬 제목 아래에 줄거리에 대한 설명이 나와 있는데, 가수에 대한 재밌는 이야기라고 하므로 16번의 정답은 (C)이다.

Words and Phrases performance 공연

해석

```
Peters 여사의 학생들이 가진 반려동물의 수치
물고기 34
고양이 13
강아지 8
반려새 5
말 2
```

17. 학생들은 얼마나 많이 반려새들을 가지고 있는가?

(A) 넷

(B) 다섯

(C) 여섯

(D) 일곱

18. 가장 인기 있는 반려동물은 무엇인가?

(A) 물고기와 고양이

(B) 물고기와 강아지

(C) 고양이와 강아지

(D) 고양이와 새

풀이 표에서 반려새는 정확하게 다섯 마리를 키우고 있으므로 17번의 정답은 (B)이다.

표에서 학생들이 키우는 반려동물은 물고기〉고양이〉강아지〉새〉말 순서이므로 18번의 정답은 (A)이다.

Words and Phrases own 소유하다, 가지다

[17-18]

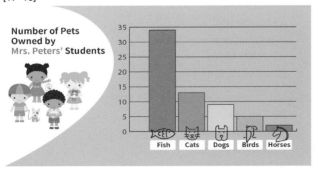

[19-20]

19. What information can you NOT get from the poster?
    (A) price of the book
    (B) location of the store
    (C) how to contact the store
    (D) number of books for sale

20. How can you contact the store?
    (A) call the store
    (B) text the store
    (C) email the store
    (D) write to the store

해석

판매합니다
중고 어린이 책
어린이 읽기 학습을 위한
1000권 이상 있습니다
한 권당 1달러
이메일: cheapbooks@mail.com
---

19. 포스터에서 알 수 없는 정보는 무엇인가?
    (A) 책의 가격
    (B) 가게 위치
    (C) 가게에 연락하는 방법
    (D) 판매하는 책의 수

20. 가게에 어떻게 연락을 하면 되는가?
    (A) 가게에 전화를 한다
    (B) 가게에 문자를 보낸다
    (C) 가게에 메일을 보낸다
    (D) 가게에 편지를 쓴다

풀이 포스터를 통해 알 수 없는 정보는 가게의 위치이므로 19번의 정답은 (B)이다.

포스터 아랫부분에 가게 메일 주소를 제시하고 있다. 가게에 연락하기 위해서는 메일을 보내면 된다는 사실을 유추할 수 있으므로 20번의 정답은 (C)이다.

Words and Phrases sale 판매 | used 중고의 | learn 배우다 | available 구할 수 있는

Part D. General Reading and Retelling (p.107)

[21-22]
My name is Billy Keller. My favorite place is our home. Our house is 15 years old, but it is pretty. I love to play with my two dogs in the yard. Our yard is big with many trees and flowers. My parents bought this house when I was born, 12 years ago.

21. Where does the boy like to play?
    (A) at the park
    (B) in his yard
    (C) in his house
    (D) at the playground

22. How old is the boy?
    (A) He is 8 years old.
    (B) He is 10 years old.
    (C) He is 12 years old.
    (D) He is 15 years old.

해석 내 이름은 Billy Keller이다. 내가 가장 좋아하는 장소는 집이다. 우리의 집은 15년 정도 되었지만 예쁘다. 나는 두 마리의 강아지와 함께 마당에서 노는 것을 좋아한다. 우리 마당은 많은 나무들과 꽃들이 있고 크다. 부모님께서는 12년 전에, 즉 내가 태어났을 때 이 집을 사셨다.

21. 소년이 어디에서 노는 것을 좋아하는가?
    (A) 공원에서
    (B) 마당에서
    (C) 집에서
    (D) 놀이터에서

22. 소년은 몇 살인가?
    (A) 그는 8살이다.
    (B) 그는 10살이다.
    (C) 그는 12살이다.
    (D) 그는 15살이다.

풀이 소년이 가장 좋아하는 장소는 집이고, 두 마리의 강아지와 함께 집 마당에서 노는 것을 좋아한다고 했으므로 21번의 정답은 (B)이다.

소년의 부모님은 소년이 태어날 때 즉, 12년 전에 사셨다고 했으므로 소년이 12살이라는 점을 알 수 있으므로 22번의 정답은 (C)이다.

Words and Phrases yard 마당 | playground 놀이터

[23-24]
Hi, my name is Emily. Sometimes I don't like to go to bed at night. But when I don't sleep enough, I easily get angry or sad. Sleep helps me grow tall and stay healthy. When I sleep enough, I do better at school. I need sleep to feel happy.

23. What is this passage about?
    (A) growing tall
    (B) studying well
    (C) feeling happy
    (D) sleeping enough

24. What happens when Emily doesn't sleep enough?
    (A) She grows tall.
    (B) She gets angry.
    (C) She feels happy.
    (D) She becomes healthy.

해석 안녕, 나의 이름은 Emily야. 가끔 나는 밤에 자러 가기 싫어. 그러나 충분히 잠을 못 자면, 나는 쉽게 화가나거나 슬퍼져. 잠은 나를 키 크게 하고 건강하게 해. 내가 충분히 자면, 난 학교에서 더 잘 해. 나는 행복을 느끼기 위해 잠이 필요해.

23. 글에서 말하고자 하는 주제는 무엇인가?
    (A) 키 크기
    (B) 공부 잘하기
    (C) 행복한 감정 느끼기
    (D) 충분히 자기

24. Emily가 충분히 잠을 자지 않는다면 무슨 일이 생기는가?
    (A) 그녀의 키가 크다.
    (B) 그녀는 화가 난다.
    (C) 그녀가 행복함을 느낀다.
    (D) 그녀가 건강해진다.

풀이 Emily가 밤에 자러 가기 싫지만 충분히 자야만 하는 이유에 대한 글이므로 23번의 정답은 (D)이다.

    Emily는 충분히 잠을 자지 않으면 화가 나고 기분이 우울해진다고 했으므로 24번의 정답은 (B)이다.

Words and Phrases sometimes 때때로

[25-26]
In 1888, there was a very bad snowstorm in the United States. It was called the Great White Hurricane. People could not travel or talk on the phone. Over 400 people died. The storm lasted 36 hours. Over 127 cm of snow fell.

25. How long did the storm last?
    (A) twelve hours
    (B) twenty-four hours
    (C) thirty-six hours
    (D) forty-eight hours

26. Which of the following is NOT true?
    (A) Over one meter of snow fell.
    (B) Few people died in the storm.
    (C) The storm happened in 1888.
    (D) The storm was called the Great White Hurricane.

해석 1888년 미국에서 최악의 눈보라가 왔다. 이 눈보라를 Great White Hurricane 이라고 칭했다. 사람들은 여행 또는 통화를 할 수 없었다. 400명이 넘는 사람들이 죽었다. 폭풍은 36시간이나 지속됐다. 127cm 두께가 넘는 눈이 내렸다.

25. 폭풍이 얼마나 지속됐는가?
    (A) 12시간
    (B) 24시간
    (C) 36시간
    (D) 48시간

26. 사실이 아닌 것은 무엇인가?
    (A) 1m 이상의 눈이 내렸다.
    (B) 사람들이 폭풍에서 거의 죽지 않았다.
    (C) 1888년도에 폭풍이 일어났다.
    (D) 폭풍은 Great White Hurricane이라고 부른다.

풀이 폭풍은 36시간이나 지속되었다고 언급되어 있으므로 25번의 정답은 (C)이다.

    폭풍으로 인해 400명이 넘는 사람들이 죽었다고 했으나 (B)에서는 거의 죽지 않았다고 했으므로 26번의 정답은 (B)이다.

Words and Phrases snowstorm 눈보라 | travel 여행하다 | last 지속하다 | few 많지 않은

[27-28]
It's spring break! Tonight Kevin will fly to Chicago to visit his grandparents. He hasn't seen them since last Christmas. His grandfather will take him to a baseball game. Also they will eat pizza and walk in a park. His grandmother will take him shopping for new clothes.

27. When will the boy leave to see his grandparents?
    (A) tonight
    (B) tomorrow
    (C) at Christmas
    (D) when spring is over

28. Which is NOT true about the boy's visit?
    (A) He will eat pizza.
    (B) He will go shopping.
    (C) He will play baseball.
    (D) He will walk in a park.

해석 봄 방학이다! 오늘 밤 Kevin은 그의 조부모를 만나러 Chicago로 갈 것이다. 그는 크리스마스 이후로 그들을 본 적이 없다. 그의 할아버지는 그를 야구 경기에 데려다줄 것이다. 또한 그들은 피자를 먹고 공원을 걸을 것이다. 그의 할머니는 새 옷을 사주러 그와 함께 쇼핑에 갈 것이다.

27. 소년은 조부모를 보러 언제 떠날 것인가?
    (A) 오늘 밤
    (B) 내일
    (C) 크리스마스에
    (D) 봄이 끝날 때

28. 소년의 방문에 대하여 사실이 아닌 것은?
    (A) 그는 피자를 먹을 것이다.
    (B) 그는 쇼핑을 하러 갈 것이다.
    (C) 그는 야구를 할 것이다.
    (D) 그는 공원에 산책을 갈 것이다.

풀이 Kevin은 오늘 밤 조부모를 만나러 간다고 했으므로 27번의 정답은 (A)이다.

    소년은 야구장에 간다고 했으나, 야구를 할 것이라고는 하지 않았으므로 28번의 정답은 (C)이다.

[29-30]

Many children have written books. You can find them in the library. Francis Hawkins was one of the first children to write a book. In 1641, when he was eight years old, he wrote a book about children's manners. In 1962, Dorothy Straight was only four years old when she wrote *How the World Began*.

29. Which is NOT true about Francis Hawkins?

(A) He was born in 1641.

(B) He wrote about children's manners.

(C) You can find his book in the library.

(D) He wrote a book over 370 years ago.

30. What is special about Dorothy Straight?

(A) She wrote about the world.

(B) She was born over 50 years ago.

(C) She was four when she wrote her book.

(D) She was the first girl to ever write a book.

해석 많은 아이들은 책을 썼다. 너는 도서관에서 그것들을 찾을 수 있다. Francis Hawkins은 책을 쓴 첫 번째 아이들 중 한 명이다. 1641년에 그는 8살이었고 그는 아이들의 태도에 대한 책을 저술했다. 1962년에 Dorothy Straight가 겨우 4살이었을 때 그녀는 How the World Began (어떻게 세계가 시작되는가)를 저술했다.

29. Francis Hawkins에 대하여 사실이 아닌 것은?

(A) 그는 1641년에 태어났다.

(B) 그는 아이들의 태도에 대한 책을 썼다.

(C) 너는 도서관에서 그의 책을 찾을 수 있다.

(D) 그는 370년도 더 이전에 책을 썼다.

30. Dorothy Straight에 대하여 특별한 점은 무엇인가?

(A) 그녀는 세계에 대해서 썼다.

(B) 그녀는 50년도 더 이전에 태어났다.

(C) 그녀는 책을 쓸 당시 4살이었다.

(D) 그녀는 책을 쓴 첫 번째 소녀였다.

풀이 Francis Hawkins는 1641년에 8살이었다고 했으므로 29번의 정답은 (A)이다.

Dorothy Straight은 How the World Began(어떻게 세계가 시작되는가) 이라는 책을 쓸 당시 겨우 4살이었다고 언급되어 있고, 이것이 특별한 점이므로 30번의 정답은 (C)이다.

Words and Phrases manners (사람의) 태도, (일의) 방식, (특정 사회·문화의) 예의 | write (책·음악 작품 등을) 쓰다, 집필하다, 작성하다; (글자·숫자를) 쓰다(write-wrote-written)

TOSEL BASIC

실전 5회

Section I Listening and Speaking

1 (D)	2 (B)	3 (C)	4 (A)	5 (A)
6 (B)	7 (C)	8 (B)	9 (C)	10 (D)
11 (C)	12 (D)	13 (C)	14 (D)	15 (B)
16 (B)	17 (C)	18 (B)	19 (D)	20 (A)
21 (B)	22 (B)	23 (A)	24 (C)	25 (B)
26 (D)	27 (A)	28 (C)	29 (A)	30 (A)

Section II Reading and Writing

1 (A)	2 (B)	3 (A)	4 (A)	5 (B)
6 (D)	7 (D)	8 (D)	9 (B)	10 (D)
11 (C)	12 (B)	13 (C)	14 (A)	15 (C)
16 (D)	17 (B)	18 (D)	19 (D)	20 (B)
21 (D)	22 (C)	23 (C)	24 (D)	25 (A)
26 (B)	27 (B)	28 (D)	29 (C)	30 (A)

SECTION I LISTENING AND SPEAKING

Part A. Listen and Recognize (p.114)

1. Boy: The boy is laughing at a dog.

정답 (D)

해석 소년: 소년은 강아지를 보고 웃고 있다.

풀이 소년은 강아지를 보고 웃고 있다고 했으므로 (D)가 정답이다.

Words and Phrases laugh 웃다

2. Girl: The woman is reading a book.

정답 (B)

해석 소녀: 여자는 책을 읽는 중이다.

풀이 여자는 책을 읽는 중이라고 했으므로 (B)가 정답이다.

Words and Phrases read 읽다

3. Boy: The children are singing a song.

정답 (C)

해석 소년: 아이들은 노래를 부르는 중이다.

풀이 아이들은 노래를 부르고 있는 중이라고 했으므로 (C)가 정답이다.

Words and Phrases sing 노래를 부르다

4. Girl: The man is teaching his students.

정답 (A)

해석 소녀: 남자는 그의 학생을 가르치는 중이다.

풀이 남자는 그의 학생을 가르치는 중이라고 했으므로 (A)가 정답이다.

Words and Phrases teach 가르치다

5. Boy: The girl is waiting for the bus.

정답 (A)

해석 소년: 소녀는 버스를 기다리고 있는 중이다.

풀이 소녀는 버스를 기다리고 있는 중이라고 했으므로 (A)가 정답이다.

Words and Phrases wait 기다리다

Part B. Listen and Respond (p.116)

6. Girl: Where did your mother go?

    Boy: _____.

    (A) She went by car.

    (B) She went to the store.

    (C) She wanted me to go.

    (D) She wanted to go there.

해석 소녀: 너네 엄마 어디 가셨어?

    소년: _____

    (A) 그녀는 차를 타고 가셨어.

    (B) 그녀는 상점에 가셨어.

    (C) 그녀는 내가 가길 원하셨어.

    (D) 그녀는 거기로 가기를 원하셨어.

풀이 소년의 엄마가 어디를 가셨냐는 소녀의 질문에 소년은 자신의 엄마가 행한 목적지에 대한 대답을 해야 하므로 (B)가 정답이다.

Words and Phrases go 가다(go-went-gone) |
                                 want 원하다(want-wanted-wanted)

7. Boy: May I have some candy?

    Girl: _____

    (A) Yes, I do.

    (B) Yes, I did.

    (C) Yes, you may.

    (D) No, thank you.

해석 소년: 나 이 사탕 먹어도 돼?

    소녀: _____

    (A) 응, 난 그래.

    (B) 응, 내가 그랬어.

    (C) 응, 돼.

    (D) 아니, 괜찮아.

풀이 사탕을 먹어도 되냐는 소년의 말에 먹어도 되는지 먹으면 안 되는 건지에 대한 대답을 해야 하므로 (C)가 정답이다.

Words and Phrases May I~? ~해도 괜찮을까요?

8. Boy: What time does the library close?

    Girl: _____

    (A) On July 7th.

    (B) At seven o'clock.

    (C) On Fifth Avenue.

    (D) Every Saturday morning.

해석 소년: 도서관 몇 시에 닫아?

    소녀: _____

    (A) 7월 7일에

    (B) 7시에

    (C) 5번가에서

    (D) 매주 토요일 아침에

풀이 도서관이 몇 시에 닫냐고 물어봤으므로 시간으로 답한 (B)가 정답이다.

Words and Phrases library 도서관

9. Girl: Do you want to watch television tonight?

    Boy: _____.

    (A) So am I.

    (B) Yes, I did.

    (C) No, I don't.

    (D) Not too many.

해석 소녀: 너는 오늘 밤에 텔레비전을 보고 싶니?

    소년: _____

    (A) 나도 마찬가지야.

    (B) 응, 나 했어.

    (C) 아니, 안 볼래.

    (D) 너무 많지 않게.

풀이 텔레비전을 보고 싶은지 물어보는 소녀의 질문에 볼지 안 볼지에 대한 대답을 해야 하므로 (C)가 정답이다.

Words and Phrases tonight 도서관

10. Girl: What should I wear today?

    Boy: _____

    (A) I can't find my shoes.

    (B) He's wearing jeans today.

    (C) You can go shopping today.

    (D) You should wear a raincoat.

해석 소녀: 오늘 나는 무엇을 입어야 할까?

    소년: _____

    (A) 나는 내 신발을 찾을 수 없어.

    (B) 그는 오늘 바지를 입고 있어.

    (C) 너 오늘 쇼핑 갈 수 있어.

    (D) 너는 우비를 입어야 해.

풀이 소녀가 무엇을 입어야 하는지 물어봤으므로 우비를 입어야 한다고 대답한 (D)가 정답이다.

Words and Phrases jeans 면(청)바지

Part C. Listen and Retell (p.117)

11. Boy: Look at the flower.

    Girl: Oh, there's a bee sitting on it.

    Question: What are they looking at?

정답 (C)

해석 소년: 저 꽃 좀 봐.

    소녀: 오, 그것 위에 벌이 앉아 있어.

    질문: 그들은 무엇을 보고 있는 중인가?

풀이 꽃 위에 있는 벌을 보고 있으므로 (C)가 정답이다.

Words and Phrases bee 벌

12. Girl: Is it cloudy today?

Boy: No, it's a sunny day.

Question: What is the weather like today?

정답 (D)

해석 소녀: 오늘 흐려?

소년: 아니, 오늘 맑아.

질문: 오늘 날씨는 어떤가?

풀이 소년이 오늘 맑다고 했으므로 (D)가 정답이다.

Words and Phrases cloudy 흐린 | sunny 화창한

13. Girl: What are you doing?

Boy: I'm cutting out stars.

Question: What is the boy cutting?

정답 (C)

해석 소녀: 너 뭐 하는 중이야?

소년: 나는 별 모양을 자르는 중이야.

질문: 소년이 자르고 있는 것은 무엇인가?

풀이 소년은 별 모양으로 자르고 있다고 했으므로 (C)가 정답이다.

Words and Phrases cut 자르다 | star 별

14. Girl: That clown is funny.

Boy: He makes me laugh, too.

Question: Who are they looking at?

정답 (D)

해석 소녀: 저 광대 웃겨.

소년: 그는 나도 웃게 해.

질문: 그들은 누구를 보고 있는가?

풀이 소녀와 소년은 웃긴 광대를 보면서 대화를 하고 있으므로 (D)가 정답이다.

Words and Phrases clown 광대

15. Boy: I'm very thirsty.

Girl: Here is a glass of water.

Question: How does the boy feel?

정답 (B)

해석 소년: 나는 매우 목말라.

소녀: 여기 물 한 잔 있어.

질문: 소년이 지금 느끼고 있는 감정이 무엇인가?

풀이 소년은 목이 마르다고 말했으므로 (B)가 정답이다.

Words and Phrases thirsty 목이 마른

16. Girl: Is that your father in the living room?

Boy: No, it's my uncle, Jack.

Question: Who is in the living room?

정답 (B)

해석 소녀: 거실에 있는 사람 너네 아빠셔?

소년: 아니, 우리 삼촌 Jack이셔.

질문: 거실에 있는 사람은 누구인가?

풀이 소년이 거실에 있는 사람은 소년의 삼촌이라고 대답했으므로 (B)가 정답이다.

Words and Phrases living room 거실

17. Boy: Where can I buy a new pen?

Girl: There's a store near the school.

Question: Where is the store?

정답 (C)

해석 소년: 내가 어디에서 새로운 펜을 살 수 있어?

소녀: 학교 근처에 상점이 있어.

질문: 상점은 어디에 있는가?

풀이 소녀가 학교 근처에 상점이 있다고 했으므로 (C)가 정답이다.

Words and Phrases near 가까운

[18-19]

Girl: Last week I went to a beautiful park. I went with my parents. We saw a deer in the bushes. Later, a fox ran in front of me. We saw a family of ducks. They were swimming in a pond. We had a picnic lunch on the grass.

18. Who did the girl go with?

(A) her friends

(B) her parents

(C) her cousins

(D) her grandparents

19. Where did the girl see a fox?

(A) in the pond

(B) on the grass

(C) in the bushes

(D) in front of her

해석 소녀: 저번 주에 나는 아름다운 공원에 갔다. 나는 부모님과 함께 갔다. 우리는 덤불 속에서 사슴을 봤다. 이후에, 여우가 내 앞으로 뛰어갔다. 우리는 오리 가족도 봤다. 그들은 연못에서 헤엄치고 있었다. 우리는 잔디에서 소풍 도시락을 먹었다.

18. 누가 소녀와 같이 갔는가?

(A) 그녀의 친구들

(B) 그녀의 부모님

(C) 그녀의 사촌들

(D) 그녀의 조부모

19. 소녀가 여우를 어디에서 봤는가?

(A) 연못 안에서

(B) 잔디 위에서

(C) 덤불 안에서

(D) 그녀 앞에서

풀이 소녀는 부모님과 함께 공원에 갔다고 했으므로 18번의 정답은 (B)이다.

소녀와 소녀의 부모님은 덤불 속에서 사슴을 보고 난 이후 여우가 앞으로 뛰어갔다고 했으므로 19번의 정답은 (D)이다.

Words and Phrases bush 덤불 | pond 연못 | picnic lunch 소풍 도시락

[20-21]

Boy: My mother makes my lunch in the morning. My favorite lunch is a ham and cheese sandwich. My mother always puts milk in my lunch. She also gives me an apple and two cookies. I'm never hungry in the afternoon.

20. What kind of sandwich does the boy like?
    (A) ham and cheese
    (B) beef and cheese
    (C) ham and tomato
    (D) cheese and tomato

21. How many cookies are in the boy's lunch?
    (A) one
    (B) two
    (C) three
    (D) four

풀이 소년: 나의 엄마는 아침에 내 점심을 만드신다. 내가 가장 좋아하는 음식은 햄 치즈 샌드위치이다. 나의 엄마는 내 점심에 항상 우유를 넣으신다. 그녀는 또한 나에게 사과 한 개와 쿠키 두 개도 주신다. 나는 오후에 배고픈 적이 없다.

20. 소년은 어떤 샌드위치 종류를 좋아하는가?
    (A) 햄 치즈
    (B) 고기 치즈
    (C) 햄 토마토
    (D) 치즈 토마토

21. 소년의 점심에는 몇 개의 쿠키가 있는가?
    (A) 하나
    (B) 두 개
    (C) 세 개
    (D) 네 개

풀이 소년은 점심 때 햄 치즈 샌드위치를 먹는 것을 가장 좋아한다고 했으므로 20번의 정답은 (A)이다.

소년은 샌드위치 이외에도 우유, 사과 한 개와 쿠키 두 개를 점심으로 먹는다고 했으므로 21번의 정답은 (B)이다.

Words and Phrases put 넣다 | afternoon 오후

[22-23]

Girl: On Saturdays, I like to play with my friends. Sometimes we ride our bicycles to the playground. On rainy days, we play games in my living room. We also listen to CDs in my bedroom. Later, we have cake and ice cream.

22. When does the girl play with her friends?
    (A) on Fridays
    (B) on Saturdays
    (C) on Sundays
    (D) every day

23. What do they do in the living room?
    (A) play games
    (B) listen to CDs
    (C) do homework
    (D) play the piano

해석 소녀: 토요일마다, 나는 내 친구들과 함께 노는 것을 좋아한다. 가끔 우리는 자전거를 타고 놀이터로 간다. 비가 오는 날마다, 우리는 나의 거실에서 게임을 한다. 우리는 또한 내 침실에서 CD를 듣는다. 우리는 케이크와 아이스크림을 먹는다.

22. 소녀는 언제 소녀의 친구들과 노는가?
    (A) 금요일마다
    (B) 토요일마다
    (C) 일요일마다
    (D) 매일

23. 그들은 거실에서 무엇을 하는가?
    (A) 게임을 한다.
    (B) CD를 듣는다.
    (C) 숙제를 한다.
    (D) 피아노를 친다.

풀이 소녀는 토요일마다 친구랑 논다고 했으므로 22번의 정답은 (B)이다.

비가 오는 날에는 거실에서 친구와 게임을 한다고 했으므로 23번의 정답은 (A)이다.

Words and Phrases on Saturdays 토요일마다

[24-25]

Boy: We usually take the train to visit my cousins. The train ride takes four hours. I like to look out the windows at the farms. I try to count the horses and cows. We go by green fields and small towns. We always enjoy the train ride.

24. Why does the boy take the train?
    (A) to visit a farm
    (B) to visit his parents
    (C) to visit his cousins
    (D) to look at farm animals

25. How long does the train ride take?
    (A) two hours
    (B) four hours
    (C) twenty-four hours
    (D) four days

해석 소년: 우리는 보통 사촌들을 보러 가기 위해 기차를 탄다. 기차 여행은 네 시간이 걸린다. 나는 창문 밖으로 농장을 바라보는 것을 좋아한다. 나는 말과 소를 세어 보려고 한다. 우리는 초록 들판과 작은 마을들을 지나간다. 우리는 항상 기차 여행을 즐긴다.

24. 소년은 왜 기차를 타는가?

    (A) 농장을 방문하기 위해

    (B) 그의 가족을 방문하기 위해

    (C) 그의 사촌들을 방문하기 위해

    (D) 농장 동물을 보기 위해

25. 기차 여행은 얼마나 걸리는가?

    (A) 2시간

    (B) 4시간

    (C) 24시간

    (D) 4일

풀이 소년은 보통 사촌들을 만나기 위해 기차를 이용한다고 했으므로 24번의 정답은 (C)이다.

소년은 기차 여행이 4시간 정도 걸린다고 했으므로 25번의 정답은 (B)이다.

Words and Phrases usually 보통 | field 들판, 밭; ...장

Part D. Listen and Speak (p.121)

26. Girl: Did your parents give you a birthday present?

Boy: Yes. They gave me a camera.

Girl: Wow! That's great.

Boy: _____

    (A) Okay, you can use it.

    (B) No, I don't have a camera.

    (C) Yes, thanks for the camera.

    (D) Yes, it's a very nice camera.

해석 소녀: 네 부모님께서 네 생일 선물을 주셨니?

소년: 응, 그들은 나에게 카메라를 사주셨어.

소녀: 우와! 좋다.

소년: _____

    (A) 알았어, 사용해도 돼.

    (B) 아니, 나 카메라 없어.

    (C) 응, 카메라 고마워.

    (D) 응, 그것은 엄청 좋은 카메라야.

풀이 마지막에 선물 받은 카메라에 대한 소년의 생각이 오는 것이 적절하므로 (D)가 정답이다.

Words and Phrases present 선물

27. Boy: Thanks for the pencil.

Girl: No problem.

Boy: Um, can I use your eraser, too?

Girl: _____

    (A) Sure, here it is.

    (B) Here's my ruler.

    (C) No, don't erase it.

    (D) Yes, I have another pencil.

해석 소년: 연필 빌려줘서 고마워.

소녀: 천만에.

소년: 음, 내가 네 지우개도 써도 될까?

소녀: _____

    (A) 그럼, 여깄어.

    (B) 여기 내 자야.

    (C) 아니, 지우지 마.

    (D) 응, 나에게 또 다른 연필이 있어.

풀이 소년은 지우개도 쓸 수 있겠냐고 물어봤으므로 써도 된다고 대답한 (A)가 정답이다.

Words and Phrases ruler 자

28. Girl: It's too cold to go swimming.

Boy: But I really want to swim.

Girl: We can go tomorrow.

Boy: _____

    (A) I'm cold, too.

    (B) No, I can't swim.

    (C) Okay, that's fine.

    (D) I'm sorry, you can't go.

해석 소녀: 수영하러 가기엔 너무 추워.

소년: 그렇지만 나는 정말 수영하고 싶어.

소녀: 우리는 내일 갈 수 있어.

소년: _____

    (A) 나도 추워.

    (B) 아니, 나는 수영을 할 수 없어.

    (C) 그래, 괜찮아.

    (D) 미안하지만 너는 갈 수 없어.

풀이 오늘은 추워서 수영하러 못 가고 내일 갈 수 있다는 소녀의 제안에 '알겠어' 혹은 '싫어'라고 대답을 해야 하므로 (C)가 정답이다.

Words and Phrases fine 괜찮은

29. Girl: Do you want a hamburger?

Boy: Yes, please. I'm hungry.

Girl: Do you want some chips, too?

Boy: _____

    (A) Yes, I do. Thanks.

    (B) You're really hungry.

    (C) Thanks for the burger.

    (D) No thanks. I'm not hungry.

해석 소녀: 너는 햄버거 먹고 싶어?

소년: 응, 부탁해. 나 배고파.

소녀: 감자튀김도 먹을래?

소년: _____

    (A) 응, 그럴게. 고마워.

    (B) 너는 진짜 배고파.

    (C) 버거 줘서 고마워.

    (D) 아니, 괜찮아. 나는 배고프지 않아.

풀이 배가 고픈 소년은 '먹는다'는 의미로 대답할 것이므로 (A)가 정답이다.

Words and Phrases chips 감자튀김

30. Boy: How do you feel?

Girl: I have an earache.

Boy: Have you seen a doctor?

Girl: _____

(A) **I'm going today.**
(B) He's feeling fine.
(C) I'm sorry you're sick.
(D) No, I have seen a doctor.

해석 소년: 너는 기분이 어때?
　　　소녀: 나는 귀가 아파.
　　　소년: 의사는 찾아가 봤어?
　　　소녀: _____
　　　(A) 나 오늘 가.
　　　(B) 그는 괜찮아.
　　　(C) 아프다니, 안됐다.
　　　(D) 아니, 나는 의사를 봤어.

풀이 의사는 찾아가 봤냐는 질문에 오늘 갈 것이라고 대답한 (A)가 정답이다.

Words and Phrases earache 귀통증

SECTION II READING AND WRITING

Part A. Sentence Completion (p.124)

1. A: Can you open this jar, please?
　　B: Sure, _____.
　　(A) I can
　　(B) I can't
　　(C) I have
　　(D) I haven't

해석 A: 이 병을 열어 줄 수 있니?
　　　B: 그럼, **나는 할 수 있어.**
　　　(A) 나는 할 수 있어.
　　　(B) 나는 할 수 없어.
　　　(C) 나는 가지고 있어.
　　　(D) 나는 가지고 있지 않아.

풀이 can이라는 의문사로 물어봤으므로 '할 수 있다' 혹은 '할 수 없다'는 대답이어야 한다. 긍정적인 단어 sure로 시작했으므로 (A)가 정답이다.

Words and Phrases jar (잼, 꿀 등을 담아 두는) 병

2. A: _____ pages did you read in your book?
　　B: I read to page 30.
　　(A) How much
　　(B) How many
　　(C) What much
　　(D) What many

해석 A: 너는 네 책에서 **얼마나 많은** 페이지를 읽었어?
　　　B: 나는 30페이지까지 읽었어.
　　　(A) 얼마나 많은(불가산)
　　　(B) 얼마나 많은(가산)
　　　(C) 틀린 표현
　　　(D) 틀린 표현

풀이 30페이지까지 읽었다고 했으므로 얼마나 많은 페이지를 읽었는지 물어보는 (B)가 정답이다.

Words and Phrases page 페이지, 쪽

3. A: Did you have a spelling test?
　　B: Yes, and I _____ a perfect score.
　　(A) got
　　(B) get
　　(C) gets
　　(D) am getting

해석 A: 너는 철자 시험 봤어?
　　　B: 응, 그리고 나는 만점을 **받았어.**
　　　(A) 받았다
　　　(B) 받다
　　　(C) 받다(3인칭 단수형)
　　　(D) 받고 있다(현재 진행형)

풀이 철자 시험을 본 것은 과거의 일이며 모든 단어를 맞춘 일도 과거의 일이므로 (A)가 정답이다.

Words and Phrases spelling 철자 | right 맞은

4. A: Can we stop cleaning now?
　　B: No, we need to _____.
　　(A) finish
　　(B) finished
　　(C) finishes
　　(D) finishing

해석 A: 우리 지금 청소하는 것을 그만할 수 있어?
　　　B: 안돼, 우리는 다 **끝내야** 해.
　　　(A) 끝내다
　　　(B) 끝낸
　　　(C) 끝내다(3인칭 단수형)
　　　(D) 최후의, 마무리의

풀이 '~를 할 필요가 있다'라는 의미인 'need to' 다음에 동사원형이 나오는 것이 적절하므로 (A)가 정답이다.

Words and Phrases later 나중에

5. A: This soup is delicious!
　　B: Thanks, it's _____ mom's recipe.
　　(A) me
　　(B) my
　　(C) mine
　　(D) myself

해석 A: 이 수프 맛있어!
　　　B: 고마워, 그건 **나의** 엄마의 요리법이야.
　　　(A) 나
　　　(B) 나의
　　　(C) 나의 것
　　　(D) 나 스스로

풀이 '~의 엄마의 요리법'이라는 해석이 적절하므로 (B)가 정답이다.

Words and Phrases delicious 아주 맛있는

Part B. Situational Writing (p.125)

6. The woman is _____.
    (A) picking candy
    (B) eating oranges
    (C) buying hot dogs
    (D) selling hamburgers
해석 여자는 햄버거를 파는 중이다.
    (A) 사탕을 고르는 중
    (B) 오렌지를 먹는 중
    (C) 핫도그를 사는 중
    (D) 햄버거를 파는 중
풀이 그림에서 여자는 햄버거를 팔고 있는 중이므로 (D)가 정답이다.
Words and Phrases pick 고르다

7. The church is _____.
    (A) in the park
    (B) to the park
    (C) on the park
    (D) near the park
해석 교회는 공원 근처에 있다.
    (A) 공원 안에
    (B) 공원으로
    (C) 공원 위에
    (D) 공원 근처에
풀이 그림에서 교회는 공원 근처에 있으므로 (D)가 정답이다.
Words and Phrases church 교회

8. The boy is _____.
    (A) making a robot on his bed
    (B) building a rocket on a table
    (C) putting his books on a chair
    (D) doing his homework at his desk
해석 소년은 책상에서 숙제를 하는 중이다.
    (A) 침대에서 로봇을 만들고 있는 중이다.
    (B) 탁상 위에서 로켓을 만들고 있는 중이다.
    (C) 의자 위에 책을 놓고 있는 중이다.
    (D) 책상에서 숙제를 하는 중이다.
풀이 그림에서 소년이 책상 위에 공책을 펴고 무언가를 쓰고 있으므로 (D)가 정답이다.
Words and Phrases put (특정한 장소·위치에) 놓다; (사물을 억지로 밀어) 넣다; (특정한 곳에 사람 사물을) 들어가게 하다

9. _____ boys are playing soccer on the grass.
    (A) Two
    (B) Three
    (C) Four
    (D) Five
해석 세 명의 소년들이 잔디 위에서 축구를 하는 중이다.
    (A) 둘
    (B) 셋
    (C) 넷
    (D) 다섯

풀이 그림에서 세 명의 소년들이 잔디 위에서 축구하고 있으므로 (B)가 정답이다.
Words and Phrases play soccer 축구를 하다

10. The boy is _____ with a kite.
    (A) lying on the beach
    (B) sitting on the beach
    (C) reading on the beach
    (D) running on the beach
해석 소년은 연을 들고 해변 위에서 뛰고 있는 중이다.
    (A) 해변 위에서 누워있는 중이다.
    (B) 해변 위에 앉아 있는 중이다.
    (C) 해변 위에서 책을 읽는 중이다.
    (D) 해변 위에서 뛰고 있는 중이다.
풀이 그림에서 소년은 뛰면서 연을 날리고 있으므로 (D)가 정답이다.
Words and Phrases lie 누워 있다 | kite 연

Part C. Reading and Retelling (p.127)

[11-12]

11. Who can go on the rides?
    (A) all children
    (B) children under 6
    (C) children under 12
    (D) children over 12

12. How much does it cost to ride the train?
    (A) two dollars
    (B) two dollars and fifty cents
    (C) three dollars
    (D) four dollars

해석

> STORYLAND 유원지
> 6종류의 어린이들의 멋진 놀이기구 (12세 미만의 어린이만 탈 수 있음)
> Bumper Boats 2달러
> Go Karts 3달러
> Ferris Wheel 1.50달러
> Horse Rides 4달러
> Roller Coaster 3달러
> Toot Toot Train 2.50달러

11. 놀이기구를 탈 수 있는 사람은 누구인가?
    (A) 모든 아이들
    (B) 6살 미만의 아이들

(C) 12살 미만의 아이들

(D) 12살 이상의 아이들

12. 기차를 타는데 가격은 얼마인가?

(A) 2 달러

(B) 2달러 50센트

(C) 3 달러

(D) 4 달러

풀이 놀이기구는 12세 미만의 아이들만 탈 수 있으므로 11번의 정답은 (C)이다.

Toot Toot 기차는 2.50달러이므로 12번의 정답은 (B)이다.

Words and Phrases ride 놀이 기구

[13-14]

13. When does quiet time begin?

(A) at ten o'clock in the morning

(B) at five o'clock in the afternoon

(C) at ten o'clock in the evening

(D) at midnight

14. Who must pay five dollars to use the campground?

(A) people who fish

(B) people with tents

(C) people with trailers

(D) people having picnics

해석

TALL TREES 캠핑장   소풍-낚시-캠핑
야간 캠핑료   텐트 18달러   트레일러 30달러

주간 이용료   낚시 5달러   소풍 3달러
* 오후 10시 이후에는 조용히 해주세요.

13. 조용한 시간은 언제 시작하는가?

(A) 아침 10시

(B) 오후 5시

(C) 저녁 10시

(D) 자정

14. 캠핑장을 사용하는데 5달러를 써야 하는 사람은 누구인가?

(A) 낚시하는 사람들

(B) 텐트를 가지고 있는 사람들

(C) 트레일러를 가지고 있는 사람들

(D) 소풍을 하는 사람들

풀이 그림에서 오후 10시 이후에는 조용히 해달라고 했으므로 13번의 정답은 (C)이다.

주간에 낚시를 하는 사람들은 5달러를 지불해야 하므로 14번의 정답은 (A)이다.

Words and Phrases fee 이용료

[15-16]

15. What time does Bingo the Clown start?

(A) at three o'clock

(B) at three-thirty

(C) at four o'clock

(D) at four-twenty

16. What comes after Wild Animal World?

(A) Bingo the Clown

(B) Poppie the Monster

(C) Sing Along with Susie

(D) Billy Goat and Friends

해석

토요일 오후 텔레비전
어린이 채널 (14번 채널)
Wild Animal World 3:00 그리고 6:00
Billy Goat and Friends 3:30
Bingo the Clown 4:00
Sing Along with Susie 4:20
Poppie the Monster 6:00

15.Bingo the Clown이 방영되는 시간은 몇 시인가?

(A) 3시

(B) 3시 30분

(C) 4시

(D) 4시 20분

16. Wild Animal World 이후에 나오는 것은 무엇인가?

(A) Bingo the Clown

(B) Poppie the Monster

(C) Sing Along with susie

(D) Billy Goat and Friends

풀이 Bingo the Clown이 방영되는 시간은 오후 4시이므로 15번의 정답은 (C)이다.

Wild Animal World 이후에 방영되는 것은 Billy Goat and Friends 이므로 16번의 정답은 (D)이다.

Words and Phrases channel 채널 | clown 광대

[17-18]

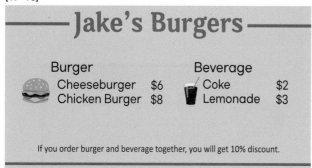

17. What is NOT on the menu?
  (A) berverage
  (B) french fries
  (C) cheeseburger
  (D) chicken burger

18. How can you get 10% discount?
  (A) order online
  (B) order two burgers
  (C) order chicken burger
  (D) order burger and coke

해석

Jake네 버거
  버거
    -치즈 버거 6달러   -치킨 버거 8달러
  음료
    -콜라 2달러   -레모네이드 3달러
버거와 음료를 같이 시키면 10퍼센트 할인 받을 수 있습니다.

17. 메뉴에 없는 것은 무엇인가?
  (A) 음료
  (B) 감자튀김
  (C) 치즈 버거
  (D) 치킨 버거

18. 어떻게 10퍼센트 할인을 받을 수 있는가?
  (A) 온라인으로 주문하기
  (B) 버거 두 개 주문하기
  (C) 치킨 버거 주문하기
  (D) 버거와 콜라 주문하기

풀이 메뉴에서 제시하고 있지 않은 음식은 감자튀김이므로 17번의 정답은 (B)이다. 10퍼센트 할인을 받기 위해서 버거와 음료를 함께 주문하라고 했으므로 18번의 정답은 (D)이다.

Words and Phrases order 주문하다 | beverage 음료 | discount 할인

[19-20]

19. What do they find in the park?
  (A) the gate
  (B) a bird cage
  (C) zoo animals
  (D) a treasure box

20. Where do people start?
  (A) at the zoo
  (B) at the park gate
  (C) at the bird cage
  (D) at the picnic table

해석

공원에서 보물 상자를 찾아라
1. 공원 출입문에서 시작하라.
2. 어린이 동물원으로 걸어 가라.
3. 새장으로 가라.
4. 소풍용 탁자로 걸어 가라.
5. 빨간색 소풍용 탁자를 찾아라.
6. 탁자 아래에 종이를 찾아라.

19. 공원에서 그들이 찾는 것은 무엇인가?
  (A) 출입문
  (B) 새장
  (C) 동물원 동물들
  (D) 보물 상자

20. 사람들이 시작하는 곳은 어디인가?
  (A) 동물원
  (B) 공원 출입문
  (C) 새장
  (D) 소풍용 탁자

풀이 공원에서 보물 상자를 찾는 것이므로 19번의 정답은 (D)이다.

공원 출입문부터 시작하라고 했으므로 20번의 정답은 (B)이다.

Words and Phrases treasure 보물 | gate 출입문

Part D. General Reading and Retelling (p.132)

[21-22]
Rainbows are made when the sun shines on raindrops. Rainbows' colors are red, orange, yellow, green, blue, indigo and purple. All rainbows look different from each other. Sometimes two rainbows can be seen in the sky at one time.

21. What is this passage about?
(A) colors
(B) clouds
(C) weather
(D) rainbows

22. How many colors can you see?
(A) three
(B) five
(C) six
(D) seven

해석 무지개는 빗방울 위에 햇빛이 있을 때 만들어진다. 무지개의 색은 빨간색, 주황색, 노란색, 초록색, 파란색, 남색, 보라색이다. 모든 무지개는 서로 다르게 보인다. 가끔 두 개의 무지개들이 동시에 하늘에 보일 때도 있다.

21. 본문은 무엇에 대해서 이야기하는가?
(A) 색깔
(B) 구름
(C) 날씨
(D) 무지개

22. 당신은 몇 개의 색을 볼 수 있는가?
(A) 3
(B) 5
(C) 6
(D) 7

풀이 무지개에 대해서 이야기하고 있으므로 21번의 정답은 (D)이다.

무지개의 색을 7개라고 나열했으므로 22번의 정답은 (D)이다.

Words and Phrases each other 서로 | at one time 동시에; 일찍이

[23-24]
The Kermode bear lives in Canada. It is a white bear that lives deep in the forest. There are only about 1,200 Kermode bears, and people do not see them very often. It eats green leaves, berries and fish. In the winter, it sleeps in large, old trees.

23. What is this passage about?
(A) an old bear
(B) a black bear
(C) a white bear
(D) a brown bear

24. What does the Kermode bear NOT eat?
(A) fish
(B) leaves
(C) berries
(D) bananas

해석 Kermode 곰은 캐나다에 산다. 그것은 깊은 숲 속에 사는 하얀 곰이다. Kermode 곰은 오직 1,200마리 밖에 없으며, 사람들은 그들을 자주 보지 못한다. 그것은 초록 잎들, 산딸기류 열매들 그리고 생선을 먹는다. 겨울에, 그것은 크고 오래된 나무에서 잠을 잔다.

23. 본문은 무엇에 대해서 이야기하는가?
(A) 늙은 곰
(B) 검정색 곰
(C) 하얀색 곰
(D) 갈색 곰

24. Kermode 곰이 먹지 않는 것은 무엇인가?
(A) 물고기
(B) 잎들
(C) 산딸기류 열매들
(D) 바나나들

풀이 하얀 Kermode곰에 대해서 말하고 있으므로 23번의 정답은 (C)이다.

Kermode곰은 잎, 산딸기류 열매, 생선을 먹는다고 했으므로 24번의 정답은 (D)이다.

Words and Phrases deep 깊은

[25-26]
I like to watch my mom make pizza. First, she puts tomato sauce on the pizza bread. Then she adds ham and pieces of pineapple. Last, she puts cheese over the pizza and cooks it for 20 minutes. The pizza is best when the cheese is soft.

25. When should you add tomato sauce?
(A) before you add the ham
(B) after you add the cheese
(C) after you add the pineapple
(D) before you make the pizza bread

26. What makes the pizza more delicious?
(A) using many vegetables
(B) making the cheese soft
(C) using fresh ham and apples
(D) cooking it for less than 15 minutes

해석 나는 나의 엄마가 피자를 만드는 것을 보기 좋아한다. 첫째로, 그녀는 토마토 소스를 피자 빵 위에 놓는다. 그리고 나서 그녀는 햄과 파인애플 조각을 추가한다. 마지막으로, 그녀는 치즈를 피자 위에 놓고 그것을 20분 동안 요리한다. 그 피자는 치즈가 부드러울 때 가장 맛있다.

25. 당신은 언제 토마토 소스를 추가해야 하는가?
(A) 당신이 햄을 추가하기 전에
(B) 당신이 치즈를 추가한 후에
(C) 당신이 파인애플을 추가한 후에
(D) 당신이 피자 빵을 만들기 전에

26. 어떤 것이 피자를 더 맛있게 만드는가?
(A) 많은 야채를 넣기
(B) 치즈를 부드럽게 만들기
(C) 신선한 햄과 사과를 사용하기
(D) 15분 이하로 요리하기

풀이 빵 위에 토마토 소스를 놓고 나서 햄과 파인애플 조각을 추가한다고 했으므로 25번의 정답은 (A)이다.

치즈가 부드러울 때 가장 맛있다고 했으므로 26번의 정답은 (B)이다.

Words and Phrases add 추가하다 | soft 부드러운

[27-28]
Keeping a bird is fun. The bird's cage should not be too small. The bird's cage should be big enough for your bird to fly. Feed your bird seeds and give it lots of water. Keep your bird happy. Put a swing in its cage. Add a mirror so your bird can look at itself.

27. How can you make your bird happy?
(A) Give it a tree.
(B) Give it a swing.
(C) Put it in a cage.
(D) Give it a toy doll.

28. Why does a bird need a mirror?
(A) to clean itself
(B) to talk to itself
(C) to sing to itself
(D) to look at itself

해석 새를 키우는 것은 재미있다. 새장은 너무 작으면 안 된다. 새장은 새가 날 수 있을 만큼 충분히 커야 한다. 너의 새에게 씨앗을 먹이로 주고 그것에게 많은 물을 줘야 한다. 새가 계속 행복하도록 하라. 새장에 그네를 놓아라. 거울을 추가해서 너의 새들이 자기 자신을 볼 수 있도록 하라.

27. 너의 새를 행복하게 하려면 어떻게 해야 하는가?
(A) 그것에게 나무를 주라.
(B) 그것에게 그네를 주라.
(C) 그것을 새장 안에 놓아라.
(D) 그것에게 장난감 인형을 주라.

28. 새가 거울이 필요한 이유는 무엇인가?
(A) 자신을 깨끗하게 하려고
(B) 자신에게 말하게 하려고
(C) 자신에게 노래하게 하려고
(D) 자신을 보게 하려고

풀이 새를 행복하게 만들기 위해 새장에 그네를 넣으라고 했으므로 27번의 정답은 (B)이다.

새장에 거울을 추가해서 새들이 자기 자신을 볼 수 있도록 하라고 했으므로 28번의 정답은 (D)이다.

Words and Phrases keep (특정한 상태·위치에) 계속 있다, 있게 하다; (특정한 상태·위치를) 유지하다, 유지하게 하다 | feed 밥을 먹이다, 먹이를 주다 | put (특정한 장소·위치에) 놓다

[29-30]
The word 'jeans' comes from a kind of cloth. The cloth was made in Genoa, Italy. Fishermen wore clothes made from it. The cloth was very strong. It was a deep purple color. People really liked 1930s cowboy films. So many people started to wear jeans.

29. Who wore jeans first?
(A) farmers
(B) cowboys
(C) fishermen
(D) movie stars

30. What made many people want to wear jeans?
(A) films
(B) books
(C) stories
(D) television

해석 '청바지'라는 단어는 옷감의 종류에서 유래되었다. 그 옷감은 이탈리아의 제노바에서 만들어졌다. 어부들은 그것들로 만들어진 옷을 입었다. 그 옷감은 아주 튼튼했다. 그것은 어두운 보라색이었다. 사람들은 1930년대 카우보이 영화를 정말 좋아했다. 그래서 많은 사람들은 청바지를 입기 시작했다.

29. 누가 청바지를 처음 입었나?
(A) 농부
(B) 카우보이
(C) 어부
(D) 영화배우

30. 무엇이 많은 사람들로 하여금 청바지를 입고 싶게 만들었는가?
(A) 영화
(B) 책
(C) 소설
(D) 텔레비전

풀이 청바지는 이탈리아 제노바의 어부들이 처음 입었으므로 29번의 정답은 (C)이다.

1930년대 카우보이 영화가 사람들의 인기를 끌어서 청바지가 유행했으므로 30번의 정답은 (A)이다.

Words and Phrases Genoa (이탈리아 북서부의 항구 도시) 제노바 | fisherman 어부 | film 영화; 촬영하다

국제토셀위원회

TOSEL
실전문제집 2

BASIC